The Rules of Cuteness

「素敵」の法則

政近準子

集英社

はじめに

私がファッションの仕事をするようになって25年以上、そのうち半分を芸能人や広告関係ではない、一般の方の装いのお手伝いをするパーソナルスタイリストとして過ごしてきました。多くのお客様と接しながら、ファッションのもたらすさまざまな影響を、肌で感じてきたと思っています。

昔も今も、傾向として日本人に一番多いのは、「そこそこ流行もおさえ、別に悪くはないけど、よくもない、印象に残らない」ファッションです。

無難な装いであれば、そこでもう、本当に自分にぴったりなのか、他にもっと自分に合ったものはないのかと考えるのをやめてしまう。けれど、何か物足りない気持ちを持ち続ける方が多い。これは非常にもったいないことです。

人は着るものにより、存在感まで変わって見えます。毎日必ず服を着るのですから、無難に留まらず、もっとあなたの魅力を輝かせてくれる服を着たほうが、絶対によいと思います。

なぜなら、あなたの魅力が表現されているファッションは、周りにも褒められるので、自信を持って着ることができるからです。その自信が、生き生きした表情と内面の変化をもたらした結果、人生に多くのチャンスが巡ってくるようになった方を、数多く見てきました。それが、ファッションのパワーと呼べるものだと、日々実感しています。

洋服の使命のひとつは、着る人の魅力を引き出し、輝かせることだと、私は考えています。どんなに服自体がおしゃれでも、着る人より悪目立ちしてしまうなら、使命を果たしていません。取り立てて違和感はなくても、その人らしい魅力を表現するに至っていない服や着こなしは、やはり力不足です。

洋服の本場であり、私が洋服の文化を学んだイタリアでは、この考え方が常識であり、普段はあまり服装にかまわないように見える人でも、おしゃれをして出かけるシーンでは、自分に合っているものを見事に着こなします。

しかし、洋服の歴史が浅い日本では、自分に合う洋服を選べるという方は、まだ多くはありません。ですから、皆様にもっと自分を輝かせる服選び、装い方を知っていただけるように、本書の前作にあたる『「似合う」の法則』では、体型別の着こなしや、機能的でおしゃれに見える新定番ワードローブの作り方など、美しく服を着るための基本をお伝えしました。

そして本書では、さらにステップアップさせて、あなたらしい魅力を表現する、もっと「素敵」に進化する方法をご紹介します。

一段上のおしゃれには、単に体型に合うだけではなく、あなたという存在を、ファッションでどのように表現するかが重要になってきます。

それには、まず自分が人からどのように見られているのか正確に把握すること、すなわち、客観視することが何よりも大事です。しかし、自分を客観視することは、おしゃれ好きやファッション知識が豊富な人にとっても、実は難しいもの。なぜならそこにはそれぞれの感情が入ってしまうからです。

そこで今回は、顔や体型の特徴などから、似合うファッションがわかる「ファッションテイスト診断」を作成し、客観的な自分の持ち味が適切に判断できるようにしました。

自分の持ち味とそれを引き立てるファッションがわかれば、おしゃれの軸が決まり、迷いや、ぶれが少なくなります。

似合うファッションと着たいファッションを、自分なりにどのようにバランスをとっていくか、計算できるようになりますし、上品でフェミニンなファッションと辛口でクールなファッションなど、複数のテイストを組み合わせる「テイストミックス」にも、チャレンジしやすくなるはずです。

あわせて、日常に取り入れやすい、おしゃれに見えるスタイリングテクニックや、素敵に年齢を重ねるためのアドバイスも盛り込みました。

ほんの少し、ファッションに対する考え方を変えるだけで、あなたの素敵は一段と引き立ちます。もし、ご自分のおしゃれに物足りなさを感じていらっしゃるなら、ぜひこの機会に、あなたの素敵を引き立てる装いにクラスアップしていただきたいのです。どうかファッションをあなたの味方につけてください。

私の熱い思いをいきなりお伝えしてしまいましたが、まずは楽しみながら読んで、新しいトライをしていただけたらと思います。この本があなたのおしゃれのレベルアップの助けとなり、読んでよかったと思っていただけたら、これほど嬉しいことはありません。

パーソナルスタイリスト　政近準子

「素敵」の法則　目次

第2章 脱・無難のためのファッションテイスト診断

第3章　コーディネート上達のコツ

第4章 アイテム選びと着こなしテクニック

第5章　美しく年齢を重ねるために

第１章
あと一歩、おしゃれにならない理由

「シンプルでベーシック」の落とし穴

はじめに、私がつい「もったいない！」と叫んでしまう、おしゃれに関する「思い込み」についてお話ししましょう。

それは、最近よく見かける「シンプルでベーシック至上主義」。白いシャツやストレートパンツ、トレンチコートといった、ベーシックアイテムを組み合わせたコーディネートは、いかにも大人の女性にふさわしく洗練された印象で、雑誌の特集でも人気があります。

でも、シンプルで格好よいコーディネートにしたつもりが、ただの「地味」になってしまい、悩んで私のサロンに駆け込んでこられるお客様が、かなりいらっしゃいます。実は、シンプルでベーシックな着こなしで美しく見せるのは、最も難易度が高く、着る人の資質も問われるおしゃれです。

もともと洋服は、手足が長く立体的な体、彫りが深い顔立ちの欧米人を美しく見せるために発達したものです。もしあなたが欧米人のような体型や顔立ちをお持ちなら、シンプルなアイテムをさらっと着るだけで決まるので、何も問題ありません。でも多くの日本人は、欧米人より体型にメリハリがなく、短い手足で顔立ちも薄く、貧弱、地味に見えがち。少なからず見栄えにハンデがあるのが現実です。

とはいえ、その人の体型に合わせて絶妙な形や素材、丈感、バランス感のあるものを選び抜けば、雰囲気が出て、素敵に着こなせます。でも、実際のところ、それだけのアイテムを選び抜くのは、かなりのおしゃれ上級者です。

つまり、一見何気なく、簡単そうに見えても、「シンプルでベーシックな装いほど、おしゃれの手抜きはできない」のです。それなら、ぱっと華やかに見せる色や柄、薄い体をカバーするドレープなどのディテール、立体感が出る重ね着など、自分に似合う装飾的な要素を研究して、そうした要素が最初から入ったアイテムをうまく活用すれば、着るだけで決まる、おしゃれの手抜きができます。

もちろん、シンプルでベーシックなアイテムは、ワードローブには必須。全身装飾だらけでは悪趣味です。でも、「シンプルでベーシックなものばかり持てば、趣味がよさそうだし、合わせるものに困らなそうだから、それでＯＫ」と、安心しないでいただきたいのです。

「定番」に関する大きな誤解

日本人はなぜか「定番」という言葉が大好きです。雑誌やショップで「これは定番の人気アイテムですよ」と紹介されると、「持っていたら便利そう」「流行に左右されず、長く着られそう」と思い、つい購入してしまう人が多いようです。

このようなアイテムは、流行に左右されずに長く着られそうなイメージもあり、また、高級品からファストファッションまで、商品の選択の幅も広く見えることから、大人の女性にふさわしいファッションを目指すとき、まず手に取ってしまうアイテムと言えるでしょう。

ところで、その「便利そう」なアイテム、本当に使えていますか？　しっかり着こなしているならいいのですが、よく考えてみれば「持っていたら便利そう」なアイテムは、「持っていなくても問題ない」程度のものも多いのではないでしょうか。

同様に、「長く着られそう」と思えたアイテムについても、一度、ワードローブをよく見直してみてください。本当にずっと着続けている服は何枚ありますか？

カシミアのセーター、シンプルな白シャツ、トレンチコート、ストレートのジーンズ……。いずれも、定番としてよく紹介されるアイテムです。しかし、これらのアイテムも、注意して見ると、サイズ感やカラー、ディテールなどの表現が、時代によって少しずつ変化していることがわかります。

流行が大きく変わるサイクルは3年と言われますから、ざっくり申し上げると、3年前の定番は、現在の定番とは異なります。つまり、定番と言われるアイテムやブランドも、その時代の流行の要素をどこかに取り入れた「流行品」と考えたほうがよいでしょう。価格的に手が届きやすい商品ならなおさら、多くの人が気軽に取り入れられるように工夫された、「定番風」のアイテムだと言えます。

シンプルでベーシックなアイテムほど、サイズ感や素材が要《かなめ》となりますから、何年も前に購入した、定番という名の流行品をいつまでも着続けることは、コーディネート全体を古く、つまらなくさせてしまいます。定番と言われるアイテムこそ、タイミングを見計らってアップデートすることが肝心です。

もちろん、生涯着続けられる、持ち続けられる、タイムレスな定番は存在します。たとえば、エルメスのケリーバッグ、高品質のカシミアで織られた贅沢なショールなどは、年月を重ねても愛用できる逸品です。

けれども、それらの品々は高品質でデリケートであるがゆえに、十分なお手入れの手間や、メンテナンスのための維持費がかかります。高品質のセーターは着るたびによいブラシでブラッシングする必要がありますし、丁寧なクリーニングをしてもらうと、数千円から1万円以上支払うことになります。

こうした十分な手間と費用をかけられる方ならば、タイムレスな逸品を定番として生涯にわたって活躍させることができるかもしれません。しかし、そうした恵まれた環境の方は少数派でしょう。また、世間で認められる逸品が、その人にとって「真の定番」になるかどうかは未知数です。アイテムと持ち主の個性が合うかどうか、物と人との間にもはっきりと相性があるからです。

ですから、私はここで、「誰にでも似合う定番」などない、と言い切ってしまいます。定番に関する「大きな誤解」を解くことから、おしゃれの進化はあると思っているのです。

さて、「誰にでも似合う定番」は存在しませんが、もちろん、それぞれの人にぴったり合う、「自分だけの定番」は必ず存在します。あなたにも、「その服、似合うね」「○○さんらしいね」「すっきり見えるね」と言われることが多い服、古くても着ているとなぜか褒められる服、というのがありませんか？

あるいは、ライトピンクを着ていると似合うと言われる、膝丈のスカートを穿いていると素敵と言われるといった、カラーやデザインについての傾向や、コーディネートのパターンもあるかもしれません。

この傾向は、ファッションの流行のように毎年変わるものではありません。なぜならそれは、個人の生まれ持った魅力が引き立つ、流行とは関係のない傾向と言えるからです。そして、これらのアイテムは、シンプルでベーシックをベースにしながらも、少しデザインが入ったものであることも多いと思います。

ワードローブで大活躍し、長く着られる真の定番を探すのは、地道ですが、これまで自分が実際に着て褒められた、使いやすかった服の色や形や素材、丈感などから、ヒントを得るのが間違いのない方法です。カラー、形、素材、丈感の組み合わせによって、その人にとてもよく似合う特別な定番ファッションが必ずあるのです。

皆が買っているから。雑誌ですすめているから。こうした理由で定番を手にしているなら、考え直してください。流行を捉えることは大事ですが、世間の定番に過剰な期待を寄せないようにしましょう。あなたにとって特別な定番を、ひとつでも多く見つけてくださいね。

十八番《おはこ》を持っていますか

お買い物のとき、好きで、つい手が伸びてしまうアイテムがありますか？　たとえば、ワンピース、丸首のカーディガン、ボーダーのカットソー……。また、決まったアイテムでなくても、気がつくとストライプが多くなってしまうとか、グリーンのアイテムばかり揃えてしまう、といったようなもの。

ワードローブに似たものばかり持つのは、マンネリの原因になるのであまりおすすめしませんが、「十八番」は別です。似合ってあなたらしく、誰もが「○○さんといえばこれ」と思い浮かべるような、アイテムやデザインをぜひ見つけてください。

十八番があると、あなたのトレードマークになり、ファッションのエッジになります。似合うという意味では、先に述べた「自分定番」と似ていて、実際にこの2つが一緒の方もいらっしゃいますが、役割は少し違います。

「自分定番」は、自分の気分より、客観的に自分に似合うものを優先していただきたいのですが、「十八番」は、自分が好きであるという感情が大事です。内面にリンクしたものでないと、やはりその人が楽しんで着ている雰囲気が出てきません。それでは、トレードマークとして周囲の人の認知を上げることはできないのです。

十八番があると、ワクワクするワードローブになります。好きだから、似合うように工夫して、発展できるのです。何かを深く追求することは、「まあ、これでいいや」の無難なおしゃれから、一歩抜け出すきっかけになります。

ちなみに私の十八番は、革ジャンとテーラードジャケットです。革ジャンは、私の強めの顔立ちや体型と相性がよいこともありますが、反骨精神を持って生きたい、という内面に合っているものだと思います。テーラードジャケットは、ほどよくエッジが効いたデザインのものを愛用しています。どちらも似合うと褒めていただけますし、着ていると「私らしい」と感じられる大事なアイテムです。

十八番は、もしなければ、作ったほうが絶対によいものです。今十八番と呼べるものがなかったら、これまでの服にまつわる自分史を思い起こしてください。昔、大好きだったものがあれば、もう1回追求してみるのもいいでしょう。焦点がぼけないように、十八番の数は多すぎるのはNG。多くても3アイテムまでが適当です。

食わず嫌いは損

「価格が高そうだから買えるものがないだろう」「自分にはモード系すぎる」「自分にはフェミニンすぎる」といったイメージから、実際の商品を見る前に、特定のブランドに苦手意識を持っていらっしゃる方、多いですね。

でも、これはおしゃれの上ではとてももったいないこと。自分には合わないと思い込んでいるブランドの商品に、意外にあなたを引き立ててくれる商品が見つかることも多いのです。

お好きなブランドや、ご自身に合う服が見つかりやすいショップがあって、お買い物はほとんどそこですませる方も多いと思います。自分の軸となるお店があるのは、とてもよいこと。でも、同じブランドばかりを着続けると、マンネリ傾向も出てきたり、年齢とともに似合わなくなったりします。そんなときは、普段、足を向けないショップ、あえて敬遠していたブランドをチェックするのがおすすめです。

どんなお店にも、最低1枚は、あなたに似合うアイテムがあるものです。なぜなら、どんなお店であっても、商品同士のコーディネートを考えて品揃えをしますから、ブランドの看板イメージになるような個性的なデザインのアイテムのほかに、バリエーションのための商品や、合わせるためのシンプルでさりげないデザインの商品を置いているのです。

そうした商品は、意外に目立ちすぎず使いやすいのですが、しかしやはりそのブランドのデザインのエッセンスが入っているので、決して平凡には終わりません。そんな1枚のアイテムが、あなたのワードローブになじみながら、新鮮さを吹き込む服になるのです。

またプライスに関しては、不況の影響もあり、高級ブランドでも、以前より低価格で品質もまずまずな商品が出ていますから、デザイナーズブランドが華やかだったバブルの頃で、イメージが止まってしまっている方は、要チェックです。

ファッションで素敵に見せるには、自分の軸を持つ部分と、遊び&チャレンジの両方が必要です。安心だからと「いつものブランド」に固執しすぎるのは、ファッションの進化の妨げにもなります。ぜひ、先入観なしにフラットな目で、苦手意識のあったお店を訪れてみてください。

高い服はよい服？

「価格の高い服や小物でないと大人のおしゃれはできないのですか？」

こんなご質問をよくお受けします。しかし、その方の経済環境、ファッションにかけたい予算によって、どれくらいのアイテムを「価格が高い」と感じるかが違ってきますので、すぐにお答えできることではありません。

でも、「よい服とはなんですか？」と訊ねられたら、それは「高い服」ではなく、「品質と価格のバランスがとれていて、着心地がよい服」と即答します。

よい材料を使い、よい職人さんに作ってもらう場合、コストは極端には下げられないので原価も上がることは多いのですが、服の価格は、材料費や人件費だけではなく、広告費、輸送費、販売費など、原価以外の経費がかかって決まります。一概に「価格が高ければ間違いない」とも言い切れません。

原価の何に予算が割かれているかによって、品質の割に価格が高くなるものもあれば、反対にお値打ちとなるものも出てきます。

ではどうすれば、質と価格のバランスがとれた服を購入することができるのでしょう。価格に対する服の価値を測り、見分けるためには、やはり試着して体感することが一番です。同じようなデザインでも、素材の他、パターンメイキング、縫製のよしあしで、着心地や体を入れたときのラインの美しさに大きな差が出ます。

ラックにかかっているときにはそれなりに見えた商品も、着てみると安っぽく下品に感じるものは少なくありません。それは主に素材のクオリティが低いからです。

もちろん、コーディネートの主役にしない、スタイリングでこなれた雰囲気を出すといった方法で、低品質のアイテムを生かすことはできます。でも、素材さえよければ大抵の料理が美味しく仕上がるのと同じように、高品質でその人に似合うアイテムなら、妙に工夫しなくても十分美しく装うことができるのです。

激安ではなく、ある程度のプライスの商品に、コストパフォーマンスが高い服が多い、というのもまた事実。自分の予算のなかで、品質を重視して物を選ぶことは、大人のおしゃれには重要です。10点のプチプライスの服や小物を買う代わりに、頑張って少しよいものを1点選ぶようなお買い物も心がけましょう。

たまにはアウトレットショップをのぞいてみるなど、予算が厳しいときの奥の手はいろいろ出てきていますから、あきらめなければ、おしゃれの道は必ず開けます。

また、最近は日本のデザイナーやメーカーにも、いろいろと工夫して経費をカットしているところがあります。たとえば、家賃が高くない場所に出店したり、アジアのさまざまな場所に生産工場を作ったり。十分に手の届く価格で、価格以上の「お値打ち」感がある商品を頑張って出しています。

反対に、縫製の品質基準は、世界的に見ても日本がトップレベルで厳しいということで、海外生産をせずに国内生産を選択し、少々価格は高めになっても、品質に妥協しないというデザイナー、メーカーもあります。こうした志を持つ生産者の商品は、やはり、レベルが高いですから、「メイドインジャパン」に注目してアイテムを探してみるのも一考です。

あるいは、昨今、開発途上国支援を掲げたフェアトレード商品の品質もグンと上がってきています。少し価格は高くなったとしても、開発途上国の人々による味わい深い手仕事の美をおしゃれに取り入れるのも面白いでしょう。

表面的な価格だけを、おしゃれの判断基準にしないように、質や、商品に込められたメッセージを判断する目を養ってくださいね。

ブランド物の本当の価値

日本人とブランド物、といえば思い出す昔話があります。

私が20代の頃、ファッション修業をしていたイタリアのフィレンツェでのこと。クリスマスに、イタリア人家庭のホームパーティーに招かれました。どちらかといえば上流のお家で、ホームパーティーといっても大広間に何十人もが集まり、大きなクリスマスツリーの下に置かれたプレゼントを、招待客同士で延々と交換する、というのがパーティーの一大イベントでした。

そのときに、「はい、ジュンコはこれ」と渡されたプレゼントを開けてみると、グッチの箱から、偽のグッチのネクタイが出てきたのです。

「これは、どういう意味だろう」と一瞬呆然としていると、「だって、日本人はそういうの、好きなんでしょ?」とひと言。ブランドのマークさえついていれば満足して、物の本質を捉えていない、当時ヨーロッパでブランド物を買いあさっていた日本人に対する辛口のジョークだったのです。その通りだったため言い返せなかったこともショックで、その後、日本でパーソナルスタイリストとして活動を始める遠因にもなったほど、衝撃を受けた出来事でした。何よりもブランドを重視するかつての日本人の行動が、今は笑い話になっていればよいのですが、現地の友人によれば、基本的には変わっていないようです。

おしゃれな高級ブランドを身に着ければ自分も素敵になる……。こんな考えをお持ちの方には、それは幻想だとハッキリ申し上げましょう。

もちろん、その人の雰囲気に合うとか、ブランドの歴史や哲学をよく理解した上でコーディネートに加えているなら、きっと素敵が格上げされるでしょう。でも、「有名ブランドだから」という安易なチョイスによる「ブランド頼り」の装いは、単なる見栄に過ぎません。そうしたコーディネートは組み合わせがチグハグで、ブランドが悪目立ちしますから、いかにも取って付けたようになり、あなた本来の品格を損なってしまいます。

誰もが知る大きなロゴ入りバッグをあらゆるコーディネートに合わせてしまったり、流行だからと皆で同じブランドの同じバッグを持つといった使い方は、もはや滑稽と言えるでしょう。

ブランドには、その価格にふさわしいだけの存在感があります。身に着ける人に釣り合わなければ、残念ながら「ブランドに着られている」人になり、素敵には見えません。その人より、ブランドだけが印象に残るのです。

ですから私は、顧客の方が希望されても、安易に有名高級ブランドをおすすめすることはありません。

たとえば街で時折、女性なら誰もが憧れる高級ブランドのハイヒールを履きながら、猫背で膝を曲げて歩いている方をお見かけしますが、高級な靴より、格好悪さが目立ってしまいます。それなら、高級ブランド品でなくても、自分の足に合った、颯爽と歩ける靴のほうがずっと素敵に見えるでしょう。当たり前ですが、主役はブランドではなく、靴を履く人自身なのです。

また、有名高級ブランドとされるブランドはそれぞれ、長い歴史があるとか、デザイナーの哲学が強烈といった、独自の魅力的なストーリーを持っています。こうしたブランドの個性や、どんなときに身に着けるのか、どんな振る舞いがふさわしいのかをまったく知らないまま、「お金を出せば買えるから」と身に着けるのは、底が浅く、下品に見えてしまいます。

ブランドのアイテムを身に着けるのなら、そのブランドについて研究し、着こなしも含め、上っ面だけで身に着けないようにする。先ほどのハイヒールで考えると、憧れの靴を履くために、格好よい歩き方を身につけるくらいの気持ちを持てば、少し背伸びして手に入れた高級品が、あなた自身もグレードアップさせてくれるでしょう。

コレクションに参加するような一流メゾンは、ハイクオリティの素材と、匠の技術によって、世にも美しい服を作ります。靴やバッグなどの小物、時計やアクセサリーにも素晴らしいものがありますし、流行の発信源でもあります。おしゃれ好きだったら、まったく無視してしまうのも寂しい話です。

一般の方が普段の生活で活用しやすく、長く使えるのは、靴やベルトなどの小物。それもいかにもそのブランドを代表する象徴的なものというより、ブランドマークが目立たない、さりげないデザインで上質に触れる、というのが、私は一番粋な高級ブランドとの付き合い方だと思います。

「本物」が持つ迫力は、実はとても静謐《せいひつ》なもの。その迫力に、可能ならぜひ触れていただきたいと思います。きっと見る目が養われ、おしゃれ全体がランクアップすることでしょう。

大人の流行との付き合い方

「大人の女性は、流行は追わずに、選んで取り入れる」。これが、素敵の鉄則です。なぜなら、流行、特にストリートの流行というのは、もともと感性が鋭い若者たちから生まれてくる、いわゆる流行語と似たようなものだからです。

もう若者とはいえない大人の女性が、若者の言葉遣いを真似すると少々みっともないと思われるように、完全にファッションの流行を追っていたら、ちょっと頑張りすぎな印象になります。「頑張っているけれど、流行を感じさせないほうが、ずっと素敵なのに」という方、結構いらっしゃいますよ。

もちろん、古くさい印象にならないために、時代の風を受けている雰囲気、適度なトレンド感は大事です。でも、ある程度の時間を生きてきた女性に期待されているものは、その人らしい味、スタイルです。その人なりの「似合う」の上に、時代の表現や、遊びとして流行が少し加わっている、それくらいの表現が格好よいのです。猫も杓子も着ている流行アイテムを、わざわざ着ることもないでしょう。

毎シーズン、ファッション業界から発信されるトレンドは、テーマだったりアイテムだったり、数えれば10ほどはありますから、そのなかから自分に合いそうなものを取り入れると、気分も変わって楽しいはずです。でも、流行が自分の軸にまったく合わないときは、無理に取り入れる必要はありません。そのシーズンは、お買い物をお休みするのも、ひとつの手。特に価格が高い大物は控えたほうが賢いでしょう。

その代わり、得意なテイストやアイテムの流行が巡ってきたときには、ショップに溢れるたくさんの「得意な服」のなかから、心ゆくまで選んでください。あなたを美しく見せてくれる服であれば、何年か経っても不思議と古くさくなりません。少し予算を増やして、多めに確保しておくのもよいでしょう。

2010年代の今はモードの大きな変化期で、数年前から服のシルエットに変化が見られます。それまでの体にフィットしていたスタイルから、一部体から離れた、ゆったりしたラインに変わりつつあります。過去十数年はファストファッションに代表される、シンプルなリアルクローズの時代でしたが、揺り戻しが来て、オリジナリティ溢れる手作り感や、ラグジュアリー感、モード感、トラッドなど久々に面白い流れが来ています。ぜひアンテナの感度を鋭くさせて、楽しんでくださいね。

「抜け感」「こなれ感」はどう作る？

日本で、一部の特別おしゃれな人だけではなく、多くの人が「ファッション」に目覚めた1980年代まで、おしゃれは「すべて揃える」時代でした。

何を「揃える」のかといえば、カラーやテイストです。たとえば、靴とバッグのカラーが同じ。全身同じブランド。フリルの付いたブラウスにフリルの付いたスカート。全身ミリタリー。カッチリしたツーピースにカッチリしたバッグ……。といったように、上から下まで同じ調子のコーディネートにするのが普通でした。

1990年代に入ると「甘辛ミックス」などと表現するようになりましたが、トップスをフェミニンな甘いデザインにしたら、ボトムスはボーイッシュな辛口デザインを組み合わせ、全身「同じ調子」に揃えすぎない装いが素敵に見えるようになりました。具体的には、レースのブラウスとカーゴパンツ、といった、一見すると真逆のテイストの組み合わせですね。こうした「ハズした」コーディネートは、あえて揃えすぎないことによって、ほどよいリラックス感や、軽さを出すのが狙いです。当然、印象もカジュアルになります。

２０１０年代に入っても、こうした気分は続行しています。人々の生活感覚的にはシビアな状況が続いているため、ファッションでは少しリラックスしたいという心境なのかもしれません。

ブランドミックス、テイストミックス、異素材ミックス。自分なりにブランドをまたいで、合うアイテムを選べると断然おしゃれですが、昔より、テクニックが必要となり、おしゃれが難しい時代ではあります。今はこの「ハズし」の感覚を、「抜け感」とも言いますが、たとえば着こなしでは、シャツの袖、パンツの裾をロールアップして、手首や足首を見せて軽い感じを出したり、小物の色をあえて揃えなかったりすることでも表現します。スカーフやストールをきっちり巻かずに、ふわりとラフに巻くなど、「きちんと感」を崩し、「こなれた」雰囲気を演出するのが素敵です。

おしゃれに関心はあるものの、若い頃に知ったファッションのルールから抜け出せず、揃えすぎたり、ロールアップしてもかっちり折りすぎる方がいらっしゃいますが、今の時代の空気からズレて見えてしまいます。ぜひ、「抜け感」「こなれ感」「着崩し感」に慣れ、スタイリングに取り入れてください。

ＴＰＯの使い分けが下手な今の日本人

イタリアの結婚式の記念写真と、日本の結婚式の記念写真、一番大きな違いは何だと思いますか？

答は、出席者の服装レベルの揃い方です。

イタリアをはじめ、ヨーロッパでは「このシーン、この背景には自分がどうあるのが素敵か？」と出席者全員が考えています。厳かな教会の結婚式、草原の教会の結婚式、レストランを借り切って行われるアットホームな結婚式。シチュエーションはさまざまですが、皆さん、その場にふさわしい格式と雰囲気の装いで出席するので、統一感があって、とても素敵です。

昔の日本も「決まり事」、つまりルールが多く、皆が守っていたので、自然に統一感が生まれました。ところが、昨今の事情はどうでしょうか。これは、１９９０年代以降に加速したファッションのカジュアル化の悪しき副作用でもあると思いますが、大勢の人たちが、ばらばらの装いで統一感がないため、集合写真もガチャガチャとして、お世辞にも美しいとは思えません。

ＴＰＯというと、ドレスコードを気にする方は多いと思います。でも一歩進めて、「その環境では、どういう装いが美しいのか？」まで、考えていただきたいのです。

周囲の人にとっては、あなたもまた、風景の一部です。素敵な人がいたら、そこは「素敵な人がいる素敵な空間」になります。今は情報化社会ですから、出かける場所の雰囲気もある程度調べられることも多いでしょう。場所柄や集まる人に合わせることが、適切な装いの手がかりになります。そして、特にあなたが主役の場では、背景の色まで計算に入れて服の色を選べば、一際印象深くなります。

余談ですが、成人式や結婚式など、人生の節目に撮影される写真は、後で何度も見返しますから、そのときの典型的な流行より、オーソドックスで美しい装いをおすすめします。そうした装いは、時が経っても美しいからです。私事ですが、私の遥か昔の成人式、私は当時流行り始めた、ちょっと洋服の感覚が入った着物が着たかったのですが、結局は呉服店を営んでいた祖母があつらえた、古典柄の正統派の振り袖を着せられました。そのときは面白くありませんでしたが、今となっては娘にも安心して見せられる写真になっていて、祖母に感謝しています。

「リトルブラックドレス神話」の真実

リトルブラックドレス――黒のシンプルなワンピースドレスは、「これ1着あれば着回し万能」といったセールストークで、よく紹介され、「必須アイテム」「定番」として雑誌やショップで推されています。

でも、私は心を鬼にして、ここで悲しい現実をお知らせしなくてはなりません。リサイクルショップに一番多く出ているのも、またリトルブラックドレスである、と。とりわけ、高級ブランドを取り扱うリサイクルショップに、定価はとても高価だったはずのリトルブラックドレスが、ラックにどっさり並んでいます。

この悲しい現実は何を意味しているのでしょうか。それは、結局、リトルブラックドレスを着る機会は日本ではあまりないということ、シンプルなリトルブラックドレスを着こなせる日本人はそれほどいないということです。

リトルブラックドレスが重宝されるのは、アメリカのファッション事情に合った話。アメリカではおしゃれといえば黒のイメージが強いですし、セクシーでパワフルであることが重視されるためです。

黒は強い色。迫力ボディか、強いキャラクターの持ち主なら似合いやすいのですが、誰にでも似合う色ではありません。よほど体に合った1着でなければ、逆に欠点が目立ちます。単なる地味な装いにもなります。もちろん、着こなせたらおしゃれですが、十分に自分をわかっていないと、難易度は高いのです。

シンプルな黒いワンピースが1着あれば、フォーマル使いもできて便利、という発想は否定しませんが、シンプルなデザインに小物で上手に盛っておしゃれに着こなしている人は、かなりの上級者です。それなら、少し華やかなレースやカッティングが凝ったもの、冬ならベルベットの切り替えが入っているといった、表情のあるブラックドレスにしたほうが、使い勝手がよいと思います。

上にジャケットを羽織れば日常着としても使いやすい、とよく言われますが、黒は特別感が出やすく、黒がなじむタイプの人でなければ、日常から浮いた感じになりがちです。もし、ちょっとしたドレスアップ兼、通勤にも活用できるワンピースを選ぶのなら、チャコールグレーやネイビーなど、黒以外のダークなカラーで、一見シンプルで、さりげないデザインが入ったものが、私のおすすめです。

Column

季節を味方につける

季節の変わり目は、変化に対する人間の目が敏感になり、洋服自体への関心も高くなります。日本は四季がある国ですから、季節の変わり目も4回あり、それぞれのひと月の間に、少しだけ先駆けて、次の季節を表現していく、というのがおしゃれの基本です。

たとえば秋の初め、「そろそろ涼しくなってきた」という時期になると、夏の間は主役アイテムにならなかったジャケットに対する注目度は上がっています。

そんな時期は、やはりジャケットを主役にしてコーディネートしましょう。人の目をはっとさせる、おしゃれのメリハリがつきます。

ベーシックで、何気ないジャケットでも、他人は「秋らしい」「自分も衣替えしなきゃ」と思って見るので、新鮮な印象になります。

そして季節が深まるにつれ、秋冬らしいインナーに替える、小物を加えるなど、ちょっとした変化を加えていくと、いつまでも鮮度が落ちません。

決して服を次々に買い替えているわけではないのに、服をたくさん持ってい

Column

て、おしゃれなように感じられるのです。

最近は季節感のない着こなしも増えましたが、季節のアイテムを意識して取り入れることで、あなたへの注目度も上がり、おしゃれな人というだけでなく、感度がよい人という認識も高まることでしょう。

昔から季節感を大事にしてきた、繊細な日本人らしい感覚を生かすことにもつながります。こうした生活のなかのちょっとした積み重ねが、おしゃれの土台を作ります。

注意するべき点としては、おしゃれに敏感な人は、季節を先取りするあまり、暑い時期にブーツを履いたり、寒い時期にノースリーブを着ることもありますが、ファッション業界人でもない限りは、大人は実際の気候に合わせながら、少しだけ先取りしたおしゃれにしたほうが、かえって余裕を感じさせ、美しいと思います。

快適さはキープしながら、色の表現や、ちょっとした素材感で次の季節を感じさせ、大人のゆとりを表現しましょう。

第 2 章

脱・無難のための
ファッションテイスト診断

自分を客観的に知ろう

第1章では、おしゃれをしようと思うほど、かえってはまってしまいやすい、ファッションの落とし穴についてお話ししました。結局のところ、日本では洋服の着方を学ぶ機会がないことから、多くの方がセールストーク込みの断片的な情報に振り回されてしまいがちなのでしょう。

それでも、20代の若いうちは、流行に乗って、好みや気分で着ていてもかまわないのです。服よりも若さの輝きのほうが印象に残りますし、「若いんだから、着慣れなくても当然。冒険もしてよい」と周囲の目も寛大です。でも、そのまま30代に入ると、そうはいきません。

今まで何とか着こなせてきた服が似合わなくなるのは、加齢のほか、生き方や社会的立場の変化など、理由はひとつではありませんが、ともあれ、もう「好き」や「気分」「思い込み」で服を選んでよい時期は過ぎたのです。

「40歳を過ぎたら、自分の顔に責任を持て」と言われる通り、人間は年齢を重ねれば重ねるほど、その人の特性や人間性が見た目にも表れてきます。若いときは少々似合わない服でも勢いで着られますが、年齢を重ねてくると、本人のエネルギーも落ち着いてくるので、本来似合いやすいファッションではない場合、見た目の違和感が大きくなってきます。

このときに、自分を見直して軌道修正しないと、それまでの服がしっくりこなくなったけれど、次に着るべき服がわからない——という「ファッション迷子」になりがちです。

迷子からの脱出には、過去の自分の思い込みを捨て、今の自分を客観的に知ることが鍵になります。自分を知った上で、自分のよさを生かすおしゃれをするのが、一番自然にあなたを輝かせる方法だからです。

この本では、「ファッションテイスト診断」によって、自分を客観的に知るお手伝いをします。次のページから詳しく説明しますので、ぜひ活用してください。

ファッションは8つのテイストに分けられる

まず、さまざまな雰囲気のファッションがあるなかで、似合うものと似合わないものがあるのはなぜか、説明しましょう。

人の外見には、目鼻立ちがはっきりしていれば華やか、体が小さめならかわいらしいなど、ある程度、社会で共有されるイメージがあります。また、性格や言動からのイメージも影響します。

そしてファッションにもデザインや色、素材から生じる固有のイメージがあります。たとえば紳士物発祥のシャツ襟には、堅さやシャープさ、男性はまず着ることのない丸襟には女性らしさがイメージされるといった具合です。

外見や性格などからくる「着る人のイメージ」と「ファッションのイメージ」を合わせた、全体的なイメージが一致していることが、似合うということであり、そうした服を着ることで、その人の印象はアップします。たとえば、線が細くて繊細な印象の人が上品で清楚な服装をしていたり、顔立ちが華やかでグラマーな人が大人っぽく大胆なファッションだと、他人がその人を見て無意識に期待するイメージと合うので、ぶれがなく、トータルで素敵に見えるのですね。

反対に、着る人とファッションのイメージが合っていない場合は、どこかちぐはぐに見えます。これでは、どんなに素敵な服でも、着ている人を輝かせているとは言えません。

多くの場合、人間はひとつひとつの特徴より、全体のイメージで相手を見ています。そこで、あなたのイメージ（この本ではテイストと表現します）を、48ページからの「ファッションテイスト診断」で確認してみましょう。

この診断は、私がパーソナルスタイリストとしての経験から研究を重ねたもので、顔や体型の特徴から、イメージを8つのテイストに分け、その人を一番引き立てる、ファッションテイストがわかるようになっています。

診断の前に、簡単に8つのテイストを説明しておきましょう。

日本人女性によく見られる特徴を、似合うファッションを考慮しながら分類していくと、まず4つのグループに大きく分けられます。4つのグループは、そのなかでの個性の違いから、さらに2つずつ、8つのテイストに分けられます。

ノーブル系……顔立ちや体型が比較的平面的で平均的、穏やかな印象が強い。

①ノーブルフェミニン（上品で繊細、女性らしい）

②キャリアクラシック（きちんとして知的、信頼感がある）

クール系………切れ長の目にインパクトがあり、背は高めでシャープな印象が強い。

③マニッシュクール（都会的、格好よくてクール）

④アジアンスマート（東洋的、ミステリアスでシャープ）

キュート系……顔立ちや体型に丸みがあり、かわいらしさを感じさせるか、あるいは少年のようなボーイッシュな印象が強い。

⑤アクティブキュート（親しみやすく元気、ガーリー）

⑥ニュアンスボーイ（ナチュラル、ボーイッシュ）

ワイルド系……しっかりした体格で、華やか、または野性的な印象が強い。

⑦ワイルドシック（ワイルドでスポーティー、リッチ）

⑧エキゾチックセクシー（エキゾチックでセクシー、開放的）

それでは、48ページからのテストの説明を読んで、スタートしましょう。

今回の診断ではわかりやすくするため、一番あてはまるテイストに絞って割り出していきますが、実際には、顔と体型のタイプが異なったり、顔立ちに2つのテイストが混じるなど、複数のテイストにまたがっている方も、大勢いらっしゃいます。

2つ以上のテイストをミックスする方法については、後の章に述べますが、まずは自分の軸となるテイストをしっかり確認しましょう。

ファッションテイスト診断

このテストでは、顔や体型といった外見中心にあなたを分析し、８つのファッションテイストのうち、どれが魅力を引き出してくれるかを探ります。

STEP1、STEP２の設問に答えてそれぞれの結果を出し、61ページの診断表で最終結果を出します。あなたに似合うファッションテイストを見つけましょう。

診断の前に

診断にあたっては、自分を客観的に見ることが何より大切です。自己診断で行う場合は、顔と体型がよくわかる自分の全身写真を用意して、他人を眺めるような目で、設問に答えるようにしてください。

使用する写真は、画像に歪みが出ないように気をつけてください。全身鏡の前で自分で撮影する際も、人に撮ってもらう場合も、カメラを自分のおへその高さあたりにまっすぐ構えて撮影します。

答に迷う場合は、身近な人に聞いてみるといいでしょう。あなたが思っていたのとは違う答が返ってくるかもしれませんが、冷静に客観視できるという点では、他人の意見のほうが正しいのです。

それでは、ＳＴＥＰ１からスタートしましょう。

STEP 1　あなたの顔立ちは？

最初に、人の印象の大きな部分を占める顔立ちを中心に見ていきましょう。設問1からスタートし、あてはまる番号に進んでください。**ア～クになった場合は、それがSTEP 1の結果です**。STEP 2に進んでください。

1 左ページの4つの顔を見て、一番あなたの顔の印象に近いものは？

Ⅰ　目や鼻、頬など顔のパーツの丸みが強い顔→2へ

Ⅱ　目はアーモンド形か切れ長、
顔のパーツが直線的な顔→9へ

Ⅲ　顔のパーツが全体的に大きい、はっきり顔→14へ

Ⅳ　顔のパーツのなかで、
目が小さいマイルドな顔→18へ

2 顔の輪郭は？

丸顔→**オ**

卵形や下ぶくれで、なめらかな輪郭→3へ

顔が細く面長傾向、
頬からあごのラインがシャープ→10へ

あごがしっかりしている→4へ

輪郭が角張っている→**イ**

Ⅰ

Ⅱ

Ⅲ

Ⅳ

3 顔立ちは?

目が細く、頬の肉が豊か→**エ**

上記以外→5へ

4 肌の色は?

白め→**イ**

標準的→**キ**

濃いめ→**キ**

5 肌の色は?

白め→6へ

標準的→**イ**

濃いめ→**ク**

6 鼻筋は?

細めで通っている→7へ

太め、または通っていない→8へ

7 目の特徴は?

大きめやシャープ、黒目がちなど、
目にインパクトがある→8へ

目力控えめのやさしげな目→**ア**

8 どういう人に見られやすい?

個性的でマイペース→**カ**

穏やかでやさしそう→**イ**

しっかりしている→**イ**

9 顔の輪郭は?

丸顔→**オ**

卵形や下ぶくれで、なめらかな輪郭→*3*へ

顔が細く面長傾向、頬からあごのラインがシャープ→*10*へ

あごがしっかりしている→*12*へ

輪郭が角張っている→*13*へ

10 顔立ちは?

顔のパーツはくっきり、または目が
シャープでインパクトがある→*11*へ

顔の彫りは浅めで、繊細な印象→*3*へ

11 顔立ちは?

頬骨が高く、高い鼻、まっすぐで
濃いめの眉など、直線がきいた顔→**ウ**

丸い生え際、アーチ形の眉など、
女性的な印象がある顔→**エ**

12 顔の幅は？

細め→*10*へ

普通〜広め→*13*へ

13 肌の色は？

白め→**イ**

標準的→**キ**

濃いめ→**キ**

14 顔の輪郭は？

頬骨が目立たず、丸顔か、
笑うと頬が丸く盛り上がる→**オ**

卵形や下ぶくれで、なめらかな輪郭→*15*へ

顔が細く面長傾向、
頬からあごのラインがシャープ→*15*へ

あごがしっかりしている→**キ**

輪郭が角張っている→**キ**

15 顔立ちは？

眉とまつ毛が濃く、エキゾチック、
または濃いめの顔立ち→*16*へ

切れ長の目がシャープな顔立ち→*17*へ

16 肌の色は?

白め→*17* へ

標準的→**キ**

濃いめ→**ク**

17 顔立ちは?

頬骨が高く、高い鼻、まっすぐで
濃いめの眉など、直線がきいた顔→**ウ**

丸い生え際、アーチ形の眉など、
女性的な印象がある顔→**エ**

18 顔の輪郭は?

丸顔→**オ**

卵形や下ぶくれで、なめらかな輪郭→*19* へ

あごがしっかりしているか、
輪郭が角張っている→*20* へ

19 肌の色は?

白め→*21* へ

標準的→**イ**

濃いめ→**イ**

20 肌の色は?

白め→**キ**

標準的→**キ**

濃いめ→**ク**

21 鼻筋は?

細めで通っている→22へ

太め、または通って
いない→23へ

22 目の特徴は?

つぶらな目、または丸みがある目→23へ

目力控えめのやさしげな目→**ア**

23 どういう人に見られやすい?

個性的でマイペース→**カ**

穏やかでやさしそう→**イ**

しっかりしている→**イ**

STEP 1の結果

STEP 2 あなたの体型は？

次に、体型の特徴を確認します。設問に答え、あてはまる番号に進んでください。**A～Gになった場合は、それがSTEP 2の結果です**。60ページの診断に進んでください。

1 **身長は？（センチ未満は四捨五入してください）**

172センチ以下→*2* へ

173センチ以上→**F**

2 **体型の特徴は？**

やわらかくぽっちゃりした感じで
肩や腰に丸みがある、ふっくら体型→**E**

筋肉質で腰や胸にボリュームがある体型、
または堅太り→*3* へ

骨太でしっかりした体型→**F**

やせ型で、体のメリハリはあまりなく、
平面的→*4* へ

ほっそりしているが、胸はあり腰高→*5* へ

普通体型で、体のメリハリも普通→*4* へ

3 肩幅の広さは?

普通〜広め→**F**

狭め→**G**

4 身長は?

163センチ以下→*6*へ

164〜172センチ→*7*へ

5 身長は?

159センチ以下→*6*へ

160〜172センチ→**D**へ

6 首の長さは?

普通〜長め→**A**

短めでいかり肩
(タートルネックが似合わない)→*8*へ

7 頭の大きさは？

体に対して頭が小さく、手足と首が長く、全体的に細長く見える→**C**

体に対して頭の大きさは普通から大きめ→**F**

8 首の太さは？

どちらかといえば細め→**A**

どちらかといえば太め→**B**

STEP 2の結果

診断

それでは、STEP1とSTEP2の結果から、あなたのファッションテイストを導き出しましょう。STEP1の結果を縦軸、STEP2の結果を横軸として、診断表の番号を見てください。番号は、8つのファッションテイストを表しています。

たとえば、STEP1の結果がア、STEP2の結果がAの人は①となり、テイストはノーブルフェミニンになります。

各ファッションテイストの解説は、64〜111ページをご覧ください。

また、診断結果のなかに「○＋○」と2つの番号が表示されているものがありますが、これは「テイストミックスタイプ」となります。1種類だけのテイストにせず、メインになるテイストを7割、プラスするテイストを3割の割合でミックスすることで、素敵になるタイプです。

異なるテイストをミックスする方法については第3章で説明しますが、解説はあてはまるもの両方を読んでおいてくださいね。

STEP2

STEP1

	A	B	C	D	E	F	G
ア	①	②	①+③	①+④	①+⑤	②	②
イ	②	②	⑥	②+④	②+⑤	⑦+②	②+⑧
ウ	①+③	②+③	③	④	③+⑤	⑦+③	③+⑦
エ	④+①	④+②	③	④	④+⑤	⑦+④	④
オ	⑤+①	②+⑤	③+⑤	⑤+④	⑤	⑦+⑤	⑧+⑤
カ	⑥	②	⑥	④+⑥	⑤	⑦	⑧
キ	②	②+⑦	③+⑦	③+⑦	②+⑦	⑦	⑧
ク	②	②	⑧+③	⑧+④	⑤+⑧	⑦	⑧

①ノーブルフェミニン
②キャリアクラシック
③マニッシュクール
④アジアンスマート
⑤アクティブキュート
⑥ニュアンスボーイ
⑦ワイルドシック
⑧エキゾチックセクシー

診断結果

____

ファッションテイスト解説

診断結果は何になりましたか。設問には、すぐ答えられたでしょうか。あらためて自分を観察してみたら、自分が思っていた自分と、違う部分を発見した人もいるかもしれません。

可能であれば、あなたの親しい人にも、あなたについて考えてもらいましょう。自分の回答とのギャップを確かめると、自分について理解を深めることができて、完璧です。もし、あなたと他の人の回答が違ったら、他の人の回答を優先してください。おしゃれかどうかの判断は、他人がするものですから。

この診断結果は、あなたの体型や顔立ちに変化があれば、変わってきます。ですから、しばらく時間が経ったときにまた行うとよいでしょう。

さて、診断結果によって、あなたの軸となる全体的なイメージが、どのテイストになるのかがわかったと思います。

次のページからは、各テイストごとに、おすすめのアイテムやコーディネート、ヘアメイクなどについて解説しています。それぞれのテイストらしさを表現できる、素材やデザイン、カラーなども一覧表にしていますので、まずはイメージをつかんでください。

また、おすすめのコーディネートスタイルとして、ジャケット着用が必須ではない職場でのカジュアルなオフィススタイルと、記念日ディナーなど、ちょっとドレスアップして出かけたいときのファッションをイラスト入りで紹介しています。今のあなたのファッションとどんなところが違うか、チェックしてみてください。

自分があてはまるテイストだけではなく、全体を読んでおくと、ファッションテイストについてよく理解できて、服や小物を選ぶときや、コーディネートを考えるときの参考になります。

詳しくはこの章の最後で説明しますが、自分に似合うものだけではなく、自分が着たいものをどう着るかのヒントにもなりますから、ぜひ目を通してくださいね。

ノーブルフェミニン

キーワード

上品、繊細、優雅、やさしげ
女性らしい、柔らかい

色が白く、顔の輪郭はなめらかな卵形、顔の彫りは浅めで、少し古風な顔立ちの日本美人タイプ。やせ型から中肉で、体つきは平面的な人が多い傾向です。

おっとりした雰囲気で、真面目な純粋さを感じさせる人ですが、少し天然気質なところもあり、ふんわりした魅力を醸《かも》し出しています。

このタイプの人の品のよさ、やさしげな魅力は、薄手のしなやかな上質素材、上品で女性らしいデザインで引き立ちます。たとえばシフォンや、シルクなどのやわらかい素材のブラウスに、フレアスカートを合わせるといったスタイルです。レディライクな、クラシカルなスタイルが美しく決まります。

繊細な美しさを生かすため、奇抜だったり、ごてごてしていない、すっきりして流行に左右されないデザインやコーディネートがよいのですが、かといってシンプルすぎては、表情が不足して寂しい感じになりがちです。

小ぶりで品がよいフリルやラッフル、プリーツなどのアクセントになるデザイン、トレンドを意識した小物をプラスすることで、適度なメリハリと華やかさが出て、あか抜けた印象になります。

カラーはオフホワイトやベージュ、ラベンダーや水色などの淡い色、グレイッシュピンクなどのスモーキーな色。暗めの色なら、ネイビーやチャコールグレー、ブラウンといった強すぎない色が、透明感のある雰囲気になじみます。黒を着るときは、顔立ちや雰囲気に対して少し強すぎることが多いので、デザインをエレガントに、顔回りに白や、やさしい色を持ってくるなどして強さを和らげましょう。柄も、遠くから見ると無地に見えるような細いストライプや細かい柄、水彩画のように曖昧な模様など、強烈ではないものがおすすめです。

繊細でありながらも個性的な作家もののアクセサリーや、小さくても本物のジュエリーが、コーディネート全体のクラス感をアップします。

毛先にやわらかさを持たせたナチュラルなヘアスタイル、上品なナチュラルメイクでまとめると、やさしく優雅な大人のエレガンスが表現できます。

ノーブルフェミニン　象徴的な素材やデザイン、カラーなど

素材	繊細できめが細かい素材、軽くて動きが出る素材、上質感がある素材 コットン、シルク、レーヨン、アンゴラ、カシミア シフォン、シャンブレー、ジャージー ファンシーツイード、ハイゲージニット
デザイン ディテール	エレガントで女性らしさを感じさせるデザイン、クラシカルなデザイン 切り替えデザイン、体に自然に沿うシルエット 丸首、オーバルネック（卵形に深くくられたネックライン）、ボウタイ フリルやラッフル、プリーツ、リボン、レース、刺繍
カラー	淡い色、淡いグレーがかった色 オフホワイト、ベージュ、ラベンダー、水色、ミントグリーン レモンイエロー、グレイッシュピンク ダークカラーはネイビー、グレー、ブラウン

柄	アイテム	小物 アクセサリー
無地 細いストライプやボーダー 小さい柄（水玉、小紋、花柄など） 水彩画のような曖昧な模様、レース地、地模様	ラッフルなどの飾り付きブラウス、ハイゲージ丸首カーディガン セミフレアスカート ストレートパンツ、9分丈のパンツ 膝丈フレアワンピース、ノーカラージャケット	ストラップ付きパンプス、クラシカルなハンドバッグ 小ぶりの腕時計、本物のジュエリー、真珠（8ミリ玉まで） 繊細で凝った作りのアクセサリー シャンパンゴールドやシルバーのアクセサリー

ノーブルフェミニン　おすすめコーディネートスタイル

オフィスカジュアル

品のよさを生かしたきちんとした装いのなかに、ラッフル飾り付きのブラウスや小物などで適度な華やかさを表現。ジャケットを着るならノーカラージャケットがおすすめ。

ちょっとドレスアップ

クラシカルなフィット&フレアワンピーススタイルに、流行を少し取り入れたパンプスで典型を少し外して。ジュエリーはぜひ本物を。

キャリアクラシック

キーワード
きちんとしている、知的、清潔感、洗練
信頼感、落ち着き、シック、伝統的

落ち着いた大人顔で、黒目の印象が強いインパクトある目の人と、小さめで穏やかな目の人がいますが、どちらも知的で、真面目でしっかりしているイメージです。体型はやせ型から中肉の人が多く、自立心があり冷静、知的好奇心旺盛で勉強熱心な人です。

このタイプの人の、知的できちんとした雰囲気は、ぱりっとした張りがある素材や、ベーシックで無駄がない、直線的なデザインで引き立ちます。ジャケットならテーラードジャケット、トップスなら張りがある生地の、爽やかなストライプのシャツ、ボトムスはシンプルなタイトスカートや、ストレートパンツを合わせるといったスタイルです。スーツもよく似合い、キャリア女性のスタイルがはまります。

きちんとした場に対応できる、好感度の高いスタイルが似合いますが、よりおしゃれに見せるには、知的な印象のコーディネートに、上質感や女性らしいやわらかさを加えて、大人の余裕も表現しましょう。たとえば、かっちりした生地のタイトスカートに合わせるシャツは、白ではなく、ミルクティーのようなベージュ、水色といったひとひねりした色合いの、上質な素材のシャツにする。あるいはボウタイなどで、さりげなく女性らしさが表現されているブラウスを選ぶ。つまり、堅い印象の素材やデザインだけで合わせないのがポイントです。

ローファーやブレザー、伝統柄のスカーフなど、トラッドテイストを隠し味にすると、時代の流れに左右されない正統を感じさせ、大人の余裕を表現するのに有効です。

カラーはネイビー、グレー、ブラウン、ベージュ、白、黒のベーシックカラーに、スカーフやベルト、バッグなどの小物で、少量の赤やワイン色、オレンジ、黄色などの暖色系、水色や青をさし色にすると、ぐっとおしゃれに。マリンテイストも似合います。アクセサリーは少しリッチな地金のデザインアクセサリーが映えます。

ヘアは毛先カールなど少し軽さとやわらかさを出したセミロングやボブ、ナチュラルなブラウン系のアイメイクで目元をさりげなく強調して、きりっと見せましょう。

キャリアクラシック　象徴的な素材やデザイン、カラーなど

素材	張りがある素材、上質感のある素材 コットン、シルク、ウール、カシミア オックスフォード、シャンブレー、チノ、ツイード ハイゲージニット、ミドルゲージニット
デザイン ディテール	直線的でかっちりしたデザイン、シンプルで無駄がないデザイン トラッド風のデザイン、体に自然に沿うシルエット Vネック、Uネック、スクエアネック バックル飾り、ステッチ飾り、ピンタック
カラー	ベーシックカラー（ネイビー、グレー、ブラウン、ベージュ、白、黒） キャメル、ベージュのなかでもミルクティー色 さし色として少量の赤やワイン色、オレンジ、黄色、緑、水色、青、紫

柄	アイテム	小物 アクセサリー
細いストライプやボーダー 小さめの千鳥格子、グレンチェック スカーフ風の柄、大きめの柄（花柄など） ペーズリー、マリンテイスト	ストライプシャツ、Vネックカーディガン タイトスカート、ストレートパンツ シャツワンピース、ダークカラーのジャージーワンピース テーラードジャケット、トレンチコート	バックル飾り付きの靴、ヒールローファー、細い革ベルト 伝統柄のスカーフ、ゴールドの金具飾りが付いたかっちりめバッグ 革のバンドの腕時計、地金（イエローゴールド）のアクセサリー 真珠（8ミリ玉以上）

キャリアクラシック　おすすめコーディネートスタイル

オフィスカジュアル

清潔感のあるストライプシャツに、ペンシルスカート、スカーフとバックル付きのパンプスで、大人のトラッドスタイルに。シャツを少しだけ着崩して、抜け感を出す。

ちょっとドレスアップ

ベーシックなデザインにシースルー袖などで、女性らしいイメージを加えて。大粒パールやゴールド、装飾的なバッグでリッチ感を。

マニッシュクール

キーワード
りりしい、自立、ハンサムウーマン
格好よい、都会的、クール

切れ長の目、直線的ではっきりした眉、シャープなあごのラインなど、直線が効いている顔立ちで、顔のパーツは大きめ。首と手足が長く、体の厚みは薄めですっきりして、格好よい印象の女性です。性格的にもはっきりとした、自立心が強い人が多い傾向があります。

このタイプの人のきりっとした魅力を強調するのは、クールでマニッシュな装いです。たとえば、白シャツにジレを羽織り、パンツを合わせるといったスタイルです。男装の着こなしのポイントは、ラフに着崩すこと。きちんと着てしまうと堅すぎて、男装のイメージが強くなりすぎます。アイテムにもどこか抜け感、遊びが必要です。

手首や首元など、華奢《きゃしゃ》で女性らしい部分を見せることで、格好よさとともに、女性らしさが強調できます。たとえばシャツを着るのであれば、ボタンを多めに外して着る、シャツやジャケットの袖は少しまくって着るとよいでしょう。

ジャケットやスーツをきちんと着る場合は、インナーはシンプルなデザインでも光沢があるものにして、シャープさを保ちながら女性らしさを取り入れましょう。

スカートやワンピースは、直線的ですっきりしたデザインや、アシンメトリーで動きがあるデザインなどクールなモードの香りがするものが、シャープなイメージに合うのでおすすめです。

カラーは黒やグレー、黄みのないブラウンといった暗い色に、白や、青みを帯びた色を合わせ、コントラストをはっきりつけてメリハリを出すのが基本です。

サテン生地のような強い光沢のある素材、ラメやスパンコール、エナメルといった光を感じさせるアイテム、スタッズ（鋲）などのハードでロックなイメージの装飾、モード系の小物など、やはりクールで現代的なイメージのものがスパイスになります。

アクセサリーの色はシルバーで、大ぶりなものが似合います。ゴールドならシャンパンゴールド。重ね付けするときは、材質を揃え、統一感を持たせましょう。

ヘアメイクもイメージを生かして、シャープな印象に。アイラインを入れて、大人の目力を強調しますが、厚化粧にならないように、その他は引き算で抑えます。

マニッシュクール　象徴的な素材やデザイン、カラーなど

素材	デザイン ディテール	カラー
紳士物衣料に使われるイメージの素材（平織りウールなど） 光沢がある素材、張りがある素材 ウール、コットンシルク混紡、ポリエステル、レーヨン ラメ混紡、ベルベット、サテン、エナメル	メンズライクなデザイン、直線的なデザイン、モダンなデザイン ハードでロックな感じのデザイン、細身で直線的なシルエット 深めのVネック、ボートネック、フルレングス スパンコール、スタッズ（鋲）やチェーン、ラメ、フリンジ シルバーの飾り	モノトーン、ダークカラー、青みを帯びたクールな色 黒、白、グレー、ブラウン（黄みがかっていないもの）、ネイビー ロイヤルブルー、バーガンディー 組み合わせる色としてアイシーピンクなど黄みがない淡い色

柄	アイテム	小物 アクセサリー
チョークストライプ、ピンストライプ グレンチェック、ヘリンボーン、千鳥格子 大柄（幾何学模様や抽象柄）	メンズライクな白シャツ、タイトスカート ストレートパンツ、セミフレアパンツ アシンメトリーデザインのワンピース、ジレ メンズライクなテーラードジャケット、ライダーズジャケット	メンズライクな靴、爬虫類革（型押し含む）のベルト、中折れ帽子 エナメル素材の小物、文字盤が大きめの腕時計 大ぶりでクールなイメージのアクセサリー、ラリエット シルバーやプラチナ、シャンパンゴールドのアクセサリー

マニッシュクール　おすすめコーディネートスタイル

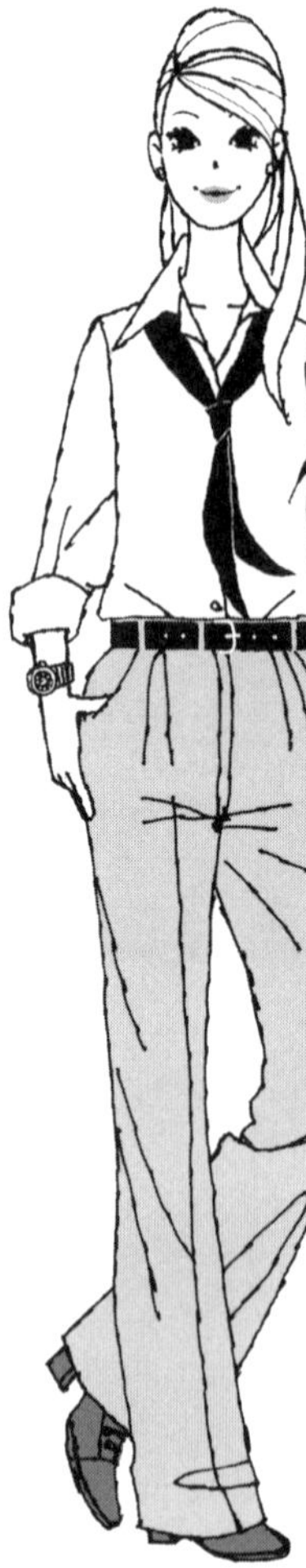

オフィスカジュアル

メンズライクな白シャツを主役にしたクールなパンツスタイルが決まる。かっちりしすぎないよう、シャツのアレンジや小物使いなどで遊びを表現。ヘアスタイルもキリッと。

ちょっとドレスアップ

ドラマチックなレース使いの黒のワンピースに、モード感ある小物で、華のある存在感を引き立てて。先の尖ったパンプスでシャープさを強調。

アジアンスマート

キーワード
東洋的、ミステリアス、ドラマチック
シャープ、モード、モダン

涼しげな眼差し、カーブを描く眉、ほっそりしたあごで、女性的でオリエンタルな印象が強い顔立ち。細身で女性らしい曲線を描く体つきと相まって、控えめですが、凛とした自分を持っている、アジア美人の雰囲気があります。

このタイプの人の魅力は、しなやかで光沢がある素材や、体の線を生かすスマートでモダンなデザインで、ミステリアスな雰囲気を醸し出すと引き立ちます。シャープなデザインのモード系の服や、アジアンテイストが現代的エッセンスで取り入れられた服が似合います。

たとえばスタンドカラーのシャツに細身のパンツやタイトスカートを合わせるなど、すっきりした直線的デザインや、ひとひねりしたアイテムを取り入れたIラインコーディネートといったスタイルです。

また女性らしい体型を強調する、立体的な曲線と直線の組み合わせも似合います。たとえばドルマンスリーブのゆったりしたトップスにスリムなパンツを合わせたり、スクエアネックのトップスにマーメイドスカートを合わせて、メリハリをつけます。

カラーはモノトーン、青みがある淡い色や鮮やかな色など、シャープで涼しげな魅力を引き立てる色を取り入れましょう。

コントラストは強くても、弱くても似合います。

柄は、草花柄やオリエンタルなイメージの柄、墨絵のようににじんだ柄や、モダンで大胆な柄がおすすめ。ビジューやスパンコールなどの光り物、刺繍の装飾も、よいスパイスになりますが、全面にぎらぎらしているのでなく、部分使いや、ところどころにちりばめてある、繊細さも表現されたものが似合います。

アクセサリーの色は、大胆なモード系のデザインならシルバー、細めで繊細さがあるものならゴールドも似合います。

ヘアは長くても短くても、まっすぐで艶がある黒髪がこのテイストらしい雰囲気を作ります。ライン使いのアイメイクや濃いめの口紅で、ミステリアスに。

アジアンスマート 象徴的な素材やデザイン、カラーなど

素材	しなやかで光沢がある素材、透け感がある素材、高級感がある素材 革素材 シルク、ウール（薄手）、レーヨン サテン、オーガンジー、モアレ素材 エナメル、ハイゲージニット
デザイン ディテール	アジアを感じさせるデザインやモチーフ、モード系のデザイン 流線形や直線のデザイン、着物風のデザイン、細身のシルエット 水平のネックライン、スタンドカラー、菱形ネック Uネック、スクエアネック 刺繍、スパンコール
カラー	淡くて涼しげな色、寒色系のビビッドな色、モノトーン ペールグリーン、ペールピンク、水色 紫、鮮やかな青、青緑、青みがかった赤、シルバー 白、黒

柄	アイテム	小物 アクセサリー
草花柄、抽象柄、オリエンタル柄 白黒で、にじんだような柄 モダンで大胆な柄	スタンドカラーのシャツやブラウス、ロングカーディガン スリット入りやハイウエストのタイトスカート スリムストレートパンツ Iラインワンピース、モダンで大胆な柄のワンピース	先が尖っているパンプスやバックストラップパンプス 刺繍が入ったストール オニキスのアクセサリー（地金があまり見えないもの）、細いバングル シルバーやプラチナのアクセサリー 小ぶりでシンプルなゴールドのアクセサリー

アジアンスマート　おすすめコーディネートスタイル

オフィスカジュアル

ふわっとした曲線を描くトップスに、すっきりしたタイトスカートの直線を対比させ、知的ななかにもミステリアスで女性らしいイメージに。

ちょっとドレスアップ

アジアンテイストをモダンに取り入れた、すっきりしたシルエットのワンピースは、着るだけで雰囲気が出る。小物でモード系の味付けを。

アクティブキュート

キーワード

活動的、元気、親しみやすい
キュート、ガーリー、ユニーク、ポップ

顔のパーツや輪郭、体型などに丸みがあり、少し幼さを感じさせる、愛嬌がある顔立ち。キャラクター的には、明るく好奇心旺盛で、活動的。いくつになっても少女のような一面を持ち、年齢より若々しく見えます。

このタイプのキュートさ、親しみやすい魅力は、カジュアルで動きがあるデザイン、明るい色使い、柄もの、装飾が多いにぎやかな印象のファッションで引き立ちます。

たとえばランダムボーダーのトップスに、クロップトパンツを合わせるといった、軽快なスタイル。また、部分使いの素朴な雰囲気のフリルやレース、ハンドメイド感がある装飾を取り入れても、ポップなかわいらしさが無理なく表現できます。素材はコットンや麻、ナイロンなど、くだけた雰囲気の素材が似合います。

仕事の場などでは、ジャケットを羽織って、きちんとした雰囲気を出すとよいでしょう。かっちりしたテーラードジャケットより、変形デザインや、ジャカードなど素材感があるものがなじみます。また、ドルマンスリーブやギャザー使いなど、丸みがあるデザインが似合いますが、コーディネートすべてをそれでまとめると、太って見えがち。直線を部分に取り入れたり（特に下半身が効果的）、首回りを出すとすっきりスリムに見えます。ウエストマークもメリハリがつくので有効です。

カラーはブラウン、ベージュ、キャメル、アイボリーなどの黄みがかった暖かみのある色に、鮮やかなビタミンカラーを取り入れる着こなしがおすすめ。特に上半身に赤やオレンジ、黄色や、ターコイズブルーなどのビビッドな色があると、表情が明るく引き立ちます。ボーダー、花模様、星、絵画柄などの楽しい感じの柄や多色使いの柄、動きがある柄も、ぜひ取り入れましょう。

カラフルなアクセサリーや、コットンパールなど、コスチュームジュエリーも似合います。ヘアは動きのあるショートヘアやボブ。明るめのヘアカラーも似合います。アイシャドウを服の色とリンクさせたり、鮮やかな色を使うメイクもおすすめです。

アクティブキュートは、多めの装飾や重ね着、巻き物などを取り入れることでテイストを表現できますが、やりすぎは装飾過剰で若作りに見えるので要注意です。

アクティブキュート　象徴的な素材やデザイン、カラーなど

素材	デザインディテール	カラー
カジュアルな感じの素材、きめが粗い素材、暖かみがある素材 コットン、麻、ツイード、ナイロン、ボイル、マドラス ジャカード、オーガンジー、チュール デニム、ダンガリー、コーデュロイ、チノ、キャンバス	カジュアルなデザイン、丸みがあるデザイン、変形デザイン ウエストマークしたXラインシルエット 広めのネックライン、Uネック ギャザー、フリル、リボン、ビーズ、パッチワーク ハンドメイド感のある装飾（ステッチや刺繍、カットワークなど）	黄みがかった暖かみがある色、ビビッドな色（特に暖色系） ブラウン、ベージュ、キャメル、アイボリー 赤、オレンジ、黄色、ターコイズブルー、明るい緑 ダークカラーはネイビー

柄	アイテム	小物 アクセサリー
ボーダー、マルチストライプ 大きめで楽しい感じの柄（花柄、水玉、星、絵画柄など） カラフルな柄、動きがある柄、チェック柄	明るい色のトップス、にぎやかな柄のトップス、ボーダーニット チュニック、ギャザースカート クロップトパンツ（7〜9分丈）、タックパンツ ウエストマークしたワンピース、ショートジャケット	バレエシューズ、ウエッジソールの靴やサンダル、布トートバッグ ビビッドな色の柄物ストール、きらきらした小物 カラフルな色石、コスチュームジュエリー イエローゴールドやピンクゴールドのアクセサリー

アクティブキュート　おすすめコーディネートスタイル

オフィスカジュアル

軽いショートジャケットを羽織った仕事スタイル。首回りは開けてすっきりとさせ、ランダムボーダー、足首を出したクロップトパンツでアクティブなイメージに。

ちょっとドレスアップ

ウエストマークでXラインを作り、スタイルアップ。存在感のあるコスチュームジュエリーで軽やかに、足元はヒールがあるパンプスで、キリッと締める。

ニュアンスボーイ

キーワード
ナチュラル、リラックス
ボーイッシュ、アーティスティック

色が白く、肌のきめが細かく、顔のパーツは小さめ。体つきは平面的です。顔の表情は静かで、あまり動かない印象です。人と少し違った、独自の世界を持っている人が多い傾向です。

このタイプの少年のように透明感のある魅力は、ナチュラルでリラックスした、ボーイッシュなスタイルで引き立ちます。襟を開いて着るデザインのシャツを袖をまくってさらりと着て、裾をロールアップしたパンツと合わせるといったスタイルです。ベーシックなデザインの服なら、ラフに着崩すほうが似合いますし、変形襟などカジュアル感があり、少し変わったデザインを取り入れて、平凡ではない表現にすると素敵に見えます。やや大きめのサイズ感やデザインで、服が体から離れていることが、リラックスした抜け感の表現になります。

素材はコットンやウールといった天然素材、カラーはオフホワイトやベージュ、ネイビーやブルー、グレー、ブラウン、カーキなどナチュラルな色がおすすめです。

お手本は、一見、無造作なようでいて、シャツ1枚でも自分を素敵に見せるために徹底的に研究して着崩す、パリジェンヌの着こなし。また、何気ないアイテムの重ね着に、タイツや靴下といったレッグウェアで足元にポイントを置くと、おしゃれ感を出せます。

リラックスした雰囲気のファッションが似合いますが、きちんとしなくてはいけない職場などでは、トップスをジャストサイズにすることで、場になじませます。チェックやアーガイル柄といったトラッド系の柄や、きちんとしたイメージのアイテムを取り入れるのもよい方法です。アクセサリーはすっきりした雰囲気を引き立てるチョーカーやラリエット、個性的な作家もののアクセサリーがおすすめ。

ヘアスタイルは、ショートにすると断然雰囲気が出ます。無造作で動きのある、くせ毛風のスタイルに、ヘアカラーで軽さを出します。

メイクもナチュラルに、オレンジやコーラル系のチークで明るさを加え、口紅は肌になじむ色でマットに仕上げます。

ニュアンスボーイ　象徴的な素材やデザイン、カラーなど

素材	デザイン ディテール	カラー
素朴で暖かみがある素材、光沢がない素材 洗いざらしたような素材 コットン、麻、ウール、レーヨン ダンガリー、コーデュロイ、フラノ、チノ、キャンバス	女性らしさを強調しないデザイン、一見ベーシックだが遊び心あるデザイン ナチュラルで体から少し離れたシルエット、変形デザイン ほどよい開きの襟ぐり、ボートネック、ショールカラー、丸襟 ピンタック、タック、ひも使い、しわ加工	ナチュラルな色、ブルー系、暖色系の鈍い色 オフホワイト、ベージュ、ブラウン、カーキ、グレー ブルー、ネイビー、ブルーグリーン マスタードイエロー、パンプキンオレンジ、マスカットグリーン

柄	アイテム	小物 アクセサリー
ボーダーやストライプ チェック、ギンガムチェック 小さい水玉、アーガイル柄、幾何学模様	襟を開けて着るデザインのシャツ、チェックのシャツ ロングタイトスカート、タックパンツ、裾折り返し付きのパンツ 8〜9分丈パンツ、ボーイフレンドデニム すとんとしたシルエットのワンピース、パーカ	スニーカー、レースアップシューズ、オペラシューズ 先が丸いパンプス、アフガンストール 作家ものの小物やアクセサリー、天然石 チョーカー、ラリエット、シルバーのアクセサリー

ニュアンスボーイ　おすすめコーディネートスタイル

オフィスカジュアル

体をゆるやかに包むシャツをグレンチェックのタックパンツにインし、適度なきちんと感と自分らしさを両立。短いネックレスでおしゃれ感を添えて。

ちょっとドレスアップ

すとんとしたシルエットのワンピースに、作家もののコサージュやチョーカー、ラリエットなどをワンポイントに。バッグや靴も小粋で個性的を目指して。

ファッションテイスト解説

ワイルドシック

キーワード

ワイルド、スポーティー、迫力、大胆
シック、ゴージャス、リッチ感、色香

頬骨が高く、日焼けが似合う引き締まった顔立ち。体つきも筋肉質で引き締まっているか、しっかりした骨格で、体に厚みがあります。背は中背から高い人が多く含まれますが、小柄な人も存在します。キャラクター的にはさばさばしておおらかな姉御肌の人が多く、野性的な魅力の持ち主です。

顔立ちや体型から醸し出される、ワイルドで大胆な雰囲気を生かすのは、ミラノマダムのような、シンプルな着こなしでリッチ感があるスタイルです。上質素材のシンプルなシャツや、カシュクールなど動きがあるデザインのトップスを、ラインがきれいなスカートやパンツに合わせ、大ぶりのアクセサリーやアニマル柄のバッグや靴、ベルトなどでアクセントをつけます。幾何学模様などの大胆な柄のスカートやワンピースも、迫力のある格好よさで着られます。野性味を連想させる、サファリテイストもおすすめ。

また、ポロシャツといったスポーティーなアイテムが様になります。

張りと上質感があるなめらかな素材や、ツイードなどの重厚感のある素材が似合い、何よりもゴージャスな印象や、リッチ感を大事にしてほしいテイストなので、数を絞ってでも質のよいアイテムを揃えるのが成功のポイントです。

カラーはシックで大人っぽいイメージを作るアースカラー、茶系をベースに、ボルドーやマスタードなど、秋の紅葉のように深みがある色がおすすめ。黒など強い色も着こなせます。

アクセサリーはゴールドが似合いますが、迫力のある太いバングルといった重厚感があるアイテムならシルバーも映えます。重ね付けより、ひとつ大きいものを付けるアクセサリー使いがおすすめです。

ヘアは艶やかさを重視して、ウェーブで動きを出したり、ストレートをきゅっとまとめるスタイルに。

メイクは艶肌にゴールド系のアイシャドウのグラデーションで、さりげなくゴージャスに見せます。

ワイルドシック　象徴的な素材やデザイン、カラーなど

素材	デザイン ディテール	カラー
上質感がある素材、張りがある素材、重厚感がある素材 やわらかく、ドレープ感がある素材 シルク、パシュミナ、カシミア、革素材 ブロード、ジャカード、ツイード、オーガンジー、タフタ	大胆でいさぎよいデザイン、一部に動きを取り入れたデザイン ベーシックでシンプルなデザイン サファリ風のデザイン、ほどよく体に沿うシルエット スクエアネック、Vネック、ノースリーブ、カシュクール ウエストマーク、ドレープ、部分プリーツ使い	アースカラー、秋の紅葉色、モノトーン カーキ、ベージュ、ブラウン、キャメル、ボルドー、マスタード ネイビー、白、黒、グレー

柄	アイテム	小物 アクセサリー
無地 ペーズリー 大胆な大柄（幾何学模様、花柄など） 抽象柄、アニマル柄（ヒョウ柄、パイソン柄など）	上質シンプルな白シャツ、ドレープトップス ハイゲージVネックニット、タイトフィットなポロシャツ センタープレスパンツ、カシュクールワンピース クラシックトレンチコート、サファリ風の服	シンプルでリッチ感があるパンプス、ブーツ シルクやパシュミナのストール、アニマル柄や爬虫類柄の小物 ボリューム感があるゴールドのアクセサリー いぶし銀の重厚なアクセサリー

ワイルドシック　おすすめコーディネートスタイル

オフィスカジュアル

カシュクールシャツとストレートパンツをシンプルに合わせ、颯爽とした雰囲気に。大ぶりのアクセサリーで、迫力とリッチ感を表現して。

ちょっとドレスアップ

すっきりして大胆なドレープデザインのワンピースが、余裕ある大人の魅力を引き立てる。大ぶりのネックレス、個性的な靴やバッグなど、迫力小物はマスト。

ファッションテイスト解説

エキゾチックセクシー

キーワード

エキゾチック、南国、野性的、開放的
華やか、コケティッシュ、セクシー

健康的な肌の色で、顔のパーツが大きい人と小さい人の2タイプがいます。筋肉質で引き締まった体型ではありますが、たとえグラマーであっても肩幅は狭め、華奢でコケティッシュな印象もあります。明るく情熱的で、親しみやすいキャラクターの持ち主です。

このタイプの人の、どこかエキゾチックでセクシーな魅力を生かすのは、露出度高め、大胆な柄、鮮やかな色などを取り入れた、南国風の華やかなファッションです。たとえばしなやかなボディラインを引き立てるラップドレス、アニマル柄の服や小物、ノースリーブのトップスにエスニック調のギャザースカートと小物を合わせるといったリゾート感覚、遊び感覚のスタイルが格好よく決まります。

しなやかな薄手素材、麻などの目が粗い天然素材の両方が映えます。ドレープやカシュクールといった、動きや流れを出したデザインや、重ね着、アクセサリーの重ね付けなど、にぎやかな雰囲気のコーディネートが、自由で生き生きした魅力とセクシーさ、開放感を表現します。流行も上手に取り入れてスパイスに。

エキゾチックセクシーの魅力を引き立てるファッションは、遊びのイメージが強くなりますから、仕事の場では、堅めアイテムであるジャケットなどで、きちんとしたイメージをプラスします。少し堅さが出る肩パッド入りで、ウエストで切り替えたデザインやペプラム付きなど、女性らしいボディラインを生かすジャケットなどがおすすめです。露出も控えめに、アクセサリーも小ぶりのアイテムにします。

カラーはアースカラーをベースに、白でコントラストをつけると華やかになります。深みがあるオレンジや黄色、赤や緑など鮮やかな色をちりばめるのがよいでしょう。少し落ち着かせたいときは、チャコールグレーやネイビーでシックに決めて。幾何学模様やエスニックな柄で、明るい個性が引き立ちます。

アクセサリーはゴールド全般が合い、多めに付けても雰囲気が出ます。ウェーブがあり、整えすぎない動きがあるヘアスタイル、肌の艶を生かしたメイク、まつげにポイントを置いたアイメイクで、華やかな魅力をアピールしましょう。

エキゾチックセクシー　象徴的な素材やデザイン、カラーなど

素材	デザイン ディテール	カラー
薄手でしなやかな素材、目が粗い素材、光沢がある素材 革素材 コットン、シルク、麻 シフォン、ジョーゼット、サテン、シルクジャージー	ウエストを絞ったデザイン、肩や背中が開いたデザイン カジュアルで装飾が多めのデザイン、トレンドのデザイン ボディラインに沿ったシルエット、くりが大きい丸首 ホルターネック、オフショルダー ペプラム、カシュクール、ギャザー、エスニック風	アースカラー、トロピカルな色、モノトーン カーキ、ブラウン、ベージュ オレンジ、赤、黄色、緑、ゴールド 白、グレー、チャコールグレー、ダークカラーはネイビー

柄	アイテム	小物 アクセサリー
南国を思わせる柄（花柄、植物柄など） アニマル柄（ヒョウ柄、パイソン柄など） 大胆な大柄（花柄、幾何学模様など） エスニック柄	前身頃にギャザーが入ったシャツ、コクーンスカート ストレッチパンツ、ショートパンツ ラップドレス、リゾート風の大胆なワンピース ボディコンシャスなジャケット	チェーンベルト、チェーンバッグ ビジュー付きの靴、リゾートサンダル、ブレスレットタイプの時計 ゴールドのアクセサリーの重ね付け、大ぶりのコスチュームジュエリー エスニックテイストのアクセサリー

エキゾチックセクシー　おすすめコーディネートスタイル

オフィスカジュアル

ジャケットとタイトスカートの定番コーディネートに、ペプラムデザインやドレープが効いたインナーで動きを出し、個性を表現。

ちょっとドレスアップ

ボディラインを生かし、大人らしい落ち着きも表現する幾何学模様のラップドレスが最強。チェーンバッグなどを合わせ、女っぽく華やかに。

ファッションテイストとキャラクター

それぞれのファッションテイストの解説を読んで、いかがでしたか？　好きなものや、経験的に似合うとわかっているものと一致して、納得した人もいれば、自分では思ってもみなかったテイストになって意外に思う人、外見の特徴はあてはまるけれどキャラクターに違和感を覚える人もいらっしゃるかもしれません。

おしゃれは単に外見的特徴に合わせればよいと考えるなら、もともとの顔と体型から導き出されるイメージに、ファッションを合わせるのが最も自然にきれいに見えます。外見のイメージと、そこから推察される内面の性格や志向が一致しているなら、それぞれのテイストを理解すれば自然におしゃれが楽しめることでしょう。

しかしなかにはこの2つが大きく異なる人もいます。

ファッションテイストと人の内面の関係は、個人個人の微妙なさじ加減があるため、本という形ですべてをお伝えすることは難しいのですが、私の経験上の実感としては、やはり8つのテイストごとに、内面的な傾向が存在します。たとえば、繊細な外見で静かなイメージのノーブルフェミニンの人は、やはり性格的にも、静かで真面目、純粋な人が多く、その内面が全体の雰囲気を強めているのです。

外見的な特徴と、キャラクターが揃っている場合、テイストはその人を一番輝かせるものとして働き、他の人には出せない雰囲気が表現できます。

本人の気持ちにも無理がありませんから、服を自分に合わせて選ぶことで、精神面でも落ち着き、快適に感じられるでしょう。また自分のテイストを軸に、年齢とともに少しずつ上質、上級のおしゃれにチャレンジしていくことで、自然にステップアップできます。

しかし内面に外見とは違ったものを秘めている場合は、内面を表現できる他のテイストをミックスしたほうが、よりその人らしく素敵になるのです。

次の章で、このミックスの方法について詳しく解説しますが、自分では思いがけない診断結果になったという方は、まずは、お手持ちの服で診断結果のテイスト風に装ったり、買い物の際、試着に挑戦してみてください。きっと、新しい発見があると思います。

また、どうしても自分の外見的な特徴と、キャラクターの差に違和感を覚える人は、内面に合わせたテイストのおしゃれを選ぶ方法もあります。

ファッションテイスト診断で基準にした、身長が172センチまでで、やせ型〜ややふっくらくらいまでの体型なら、ヘアメイクを内面のテイストに合わせて作り込めば、内面のテイストに合わせたファッションを楽しむこともできます。あなたの内面がファッションによってきちんと表現されれば、周囲の認知度も上がり、違和感なく似合うようになってくるでしょう。

ただしこの場合、外見的には素材を生かすというより、素材を加工して別の見せ方にする手法ですから、おしゃれのすべてに手は抜けません。それは理解した上で、楽しんで装う気持ちが大切です。

もし、身長が173センチ以上で大柄な場合、あるいはかなりふっくら体型であった場合は、身体的特徴が、他人から見た印象の大きな部分を占めることになります。

この場合は、残念ながら身体的特徴を完全に無視することはできません。基本的には、診断結果のテイストを軸に、内面のテイストはエッセンスとして少量ミックスするのが、長年の経験から申し上げられる、美しいバランスです。

Column

体型カバーのポイント

体型を悪く見せてしまう原因には、服のサイズや形が体型に合っていなかったり、似合わないテイストの服で違和感が強かったり、コーディネートの調和がとれていないなどがあります。

自分に似合うテイストの服を着ると、全体のイメージがアップするため、体型の欠点が目立たなくなりますが、視覚的な効果を使えば、さらにスタイルをよく見せることができます。

いくつかのテクニックを紹介しますので、コーディネートのベストバランス作りにぜひ役立ててください。

◆背を高く、脚を長く見せる

アイキャッチとなるポイントを上半身に作る。ベルトやハイウエストデザインで、見かけ上のウエスト位置を少し高くする。

ウエストから爪先まで繋がって見えるように、色の明るさを揃える。柄やデザ

Column

イン、巻き物などで縦ラインを作り、下半身の横方向にポイントを作らない。

◆頭を小さく見せる

ショートヘアやまとめ髪など、コンパクトな髪型にする。なで肩の人の場合、肩パッド入りのジャケットで、肩を作る。ロングネックレスや巻き物で縦ラインを作り、目線を上から下に誘導するとすらっと見え、頭が小さい印象になる。

◆着やせして見せる（背を高く、脚を長く見せる技との合わせ技もおすすめ）

首回りは開け、首を長く見せる（深すぎないVネックやボートネック）。ウエストを少し絞ったXライン、縦ラインを強調したIラインシルエット。三首（手首、足首、首元）を出した着こなし。

Vネックや縦ラインのデザインや模様、幾何学模様など、部分的にシャープな直線を取り入れる。ロングネックレスや巻き物、服のデザイン、重ね着などで縦ラインを作る。

ストレッチが効いて薄い生地は肉付きが露《あら》わになるため、避ける。

第 3 章

コーディネート
上達のコツ

ファッションテイストとコーディネート

第2章の診断では、8つのファッションテイストのなかから、あなたの軸となるテイストがわかったと思います。さてこの章では、そのテイストを生かし、さらにあなたの魅力を引き立てておしゃれに見せるテクニックをお伝えしましょう。

それぞれのテイストごとに解説したアイテムや素材、カラーは、あなた本来の魅力に自然に調和し、きれいに見せてくれるものです。しかし、それらのアイテムを合わせていれば、そのままおしゃれになるかといえば、そうでもありません。なぜなら、ファッションには常にありきたりではない何らかの「新しさ」が不可欠だからです。

同じテイストを組み合わせたコーディネートは、落ち着きや安心感を与える装いとなりますが、ともすれば無難で面白みに欠けるという印象になります。

おしゃれに見せるためには、あなたらしい装いにプラスして、旬の情報を活用することが大事になりますから、ショップの店頭や、街行く人、雑誌やインターネットなどから、流行をキャッチしておきましょう。たとえ新しい服を買わなくても、そのシーズンらしいバランス、カラーやアイテムがコーディネートできれば、おしゃれに見せることができるのです。

しかし、流行を取り入れる以前に、コーディネートの基本がわからない、と苦手意識を持っているという方もいらっしゃるでしょう。

そんな方の悩みは、およそ次の2つに集約できるように思います。

「何を組み合わせてよいか、わからない」

「自分なりにまとまっているとは思うが、マンネリで、面白みがない」

最初のケースは、自分に似合うテイストがわからないという悩みと一緒になっている方が多く、気分でテイストがバラバラの服や小物を集めているため、ワードローブがコーディネートしにくくなっているようです。または無難、シンプルなアイテムばかりを選んで、味気ないワードローブになっている場合もよくあります。

後のケースは、自分に似合うものがわかっていて、お得意のスタイルがある方に多いのですが、似合うスタイルにこだわるあまり、冒険ができなくなって、おしゃれの幅が狭くなっているパターンです。

それでは、8つのテイストを活用し、この両方の悩みを解決していきましょう。

簡単ワードローブ見直し法

コーディネートが苦手という方の問題を解決するには、テイストを活用したクローゼット整理が役立ちます。これはテイストがバラバラなアイテムを集めてしまう方には特に効果的です。

方法は簡単です。8つのファッションテイスト解説（64ページ〜）を参考に、お手持ちのアイテムを、テイスト別に分けていきましょう。なかには2つ以上のテイストにまたがっているアイテムもあるかもしれませんが、とりあえずで結構ですから、分けてみてください。整理していくと、同じテイストのアイテム同士は調和して見えるのがわかると思います。

先の章で「今の感覚のおしゃれは全身同じ調子に揃えすぎない装い」と説明しましたが、それはテイストをすべてバラバラにしてよいということではありません。おしゃれ初心者の場合、およそ7割から8割同じテイストに揃えることで、全体がバランスよく、美しく見えます。もちろん、バランス感覚が身に付けば、違った比率でもおしゃれに見せることができるかもしれませんが、コーディネートの感覚を身に付けるには、これが基本となります。

テイスト別の整理ができたら、自分の軸となるテイストがどれくらいあるか確認してみてください。診断結果が自分のこれまでのファッションと異なるという方は、少し難しいかもしれませんが、手持ちのアイテムを軸に、どんなコーディネートができるか考えてみましょう。

自分の軸のテイストのコーディネートに、3割以下の割合で、他のテイストのアイテムを組み合わせて、違和感がなく着られるコーディネートができればOK。これがあなたの軸のテイストを生かし、新鮮さも取り入れたコーディネートの第一歩です。

ワードローブのおよそ7割を、自分の軸となるテイストにすると、コーディネートしやすく合理的なクローゼットとなりますから、それを目指していきましょう。

ワードローブがシンプルでベーシックなものばかりという方は、自分の軸になるテイストで、デザイン性が高いアイテムを取り入れてみましょう。コーディネートがグッとおしゃれになるはずです。流行のデザインを小物で取り入れるのもよい方法でしょう。

テイストをミックスする 1

自分に似合うものはわかっているけれど、マンネリや物足りなさが悩みの場合は、自分の軸のテイストで固めすぎかもしれません。この場合は軸のテイストに、他のテイストを取り入れることに挑戦しましょう。

今のおしゃれを表現する上で、あるいは、もともと自分のテイストが2種類以上混ざっているタイプの人（60ページ、テイストミックスタイプ参照）のおしゃれの表現として、テイストをミックスするのはとても有効なテクニックです。

初心者の場合は、あくまで軸にするテイストは7割以上にし、3割以下で、別のテイストを混ぜると考えてください。第2章で、8つのテイストはまずは4つのグループ、すなわちノーブル系、クール系、キュート系、ワイルド系に分けられると説明しました（46ページ参照）。この4つのうち、違うグループのテイスト同士をミックスすると、アクセントが効いて上級者風のおしゃれに見えます。

診断でテイストミックスタイプとなった人は、もともと違うグループ同士の組み合わせになっていますから、自分にあてはまるテイスト2つをミックスすれば、自分を表現しながら、こなれたおしゃれ感を出すことができます。

軸となるテイストがひとつの人は、表現したいキャラクターや、またはTPOに合わせて、混ぜるテイストを決めるとよいでしょう。たとえば女性らしさが魅力のノーブルフェミニンに外見があてはまるけれど、性格は明るく活動的という人は、キャラクターを表現するために、アクティブキュートを取り入れてみるといった具合です。

手をかけず、おしゃれ上級者に見せるためのコーディネートは、まずアイテムを選ぶところから始まりますが、テイストを念頭に置いて商品を見ると、自分に似合うか、自分のワードローブで活用できそうかが、わかってくると思います。

もちろん、理論だけではなく、実際に目で確認するために、試着はたくさんしてください。ちょっとした形や色の違いで、似合ってくるものも多いからです。その微妙な差を見分けていくのも、おしゃれの感覚を磨く方法です。

もし、自分が似合う要素があまりないものをミックスするときは、バッグや靴など、顔から遠いもの、分量が少ないものであれば、うまく調和してコーディネートできることもあります。

テイストをミックスする 2

テイストをミックスすることに慣れれば、バランス感覚が養われ、だんだんと上級者になり、さまざまなアイテムを使っておしゃれが表現できるようになります。しかし、初心者のうちは、あくまで自分が持つテイストを生かしてファッションをコーディネートするのが似合いやすく、成功するコツでしょう。

最も失敗が少なく、おすすめなのは、あなたが軸にするテイストと、ミックスしたいテイストの両方が表現されているようなアイテムを取り入れることです。たとえば、赤い細いベルトがあったとします。これは、色は元気なアクティブキュートか、シャープなクール系があてはまりますが、細い＝繊細、強烈ではないというイメージもありますから、「繊細」というキーワードを持つノーブル系の人が、元気やシャープさを表現するアクセントとして、ミックスに使いやすいアイテムということになります。

また、外見はアクティブキュートだけれど、性格的にはクール系のように強くシャープなところがあるという人は、デザインがアクティブキュート的な、少し丸みがあったり、変形のデザインで、色はクール系が得意な黒を選ぶと個性が生かされ、その人らしさが出て、似合う場合がよくあります。

素材とデザインと色が似合うことが、その洋服が似合う条件ですが、素材とデザイン、または素材と色が軸のテイストであれば、大抵の場合、問題なく着こなせます。現代はテイストミックスの時代ですから、テイストをまたがった商品が多く出ていきます。ぜひ取り入れて、粋なおしゃれを楽しみましょう。

なお、4つのグループで同じグループのテイスト同士は比較的イメージが共通しており、似合うものも重なることが多いので、単純に組み合わせても80点くらいはとれます。100点にするためには、テイストの違いをよく踏まえてコーディネートしましょう。

ただし、4つのグループのなかでキュート系の、アクティブキュートとニュアンスボーイは、同じグループでもテイストが大きく異なります。アクティブキュートの人がニュアンスボーイを取り入れる、またはその逆は、他のグループのテイストを混ぜるときと同じように、3割以下に抑えましょう。

各テイスト別にミックスする上でのポイントや注意点を、次のページから紹介していきますので、参考にしてください。

テイスト別ミックスのヒント

ファッションテイスト同士には、共通する点や、強弱、対立関係があります。共通する点があるテイスト同士は、ミックスしてもまとまりやすいのですが、強いテイストや、自分と真逆のテイストは、取り入れ方に注意が必要です。各テイストの大事にするべきポイントを知って、あなたの魅力が引き立つテイストのミックスを楽しんでみましょう。第2章でお知らせした8つのテイストのグループ分け（46ページ〜）とそれぞれの解説（64ページ〜）もあわせて参照してください。

ノーブルフェミニン軸

ノーブルフェミニンの持ち味は、繊細さと上品さ。服や小物に強烈なものを持ってくると、負けてしまうタイプなので、どんなテイストをミックスするときも、コントラストをつけすぎず、ボリュームを出しすぎないようにしてください。

キャリアクラシックはノーブルフェミニンと同じノーブル系で、穏やかさが共通し、違和感がなくなじむ組み合わせ。かっちりめのデザインや、トラッドテイストなどを取り入れると、知的な信頼感が演出できます。しかしキャリアクラシックのテイストが強く出すぎると、繊細な味が失われますから、たとえばアウターで取り入れるときはフェミニンなインナーを合わせるなど、ノーブルフェミニンらしさを生かしたコーディネートを意識してください。

マニッシュクールを取り入れる場合、きつくなりすぎないようにワンアイテムのみ、たとえば首回りを丸首ではなくVネックにしたり、カラーはノーブルフェミニンらしいアイテムで、デザインやディテールにシャープさを感じるものを、取り入れるとよいでしょう。靴やバッグにモダンでも繊細さを感じられるデザインを取り入れると、洗練されたイメージになります。

アジアンスマートは、女性らしさ、繊細さという点で共通項があります。大胆な柄より小さめの柄、なじみやすい淡い色などを選び、トップスやボトムスなど、一部に取り入れてみましょう。

アクティブキュートをプラスするときは、クールでグレイッシュな色合いのなかに、明るい水色やオレンジのアウターを加えたり、顔回りにアクセサリーなどで、面積小さめで元気な色彩を取り入れ、楽しい雰囲気を演出します。またステッチや刺繍など、部分に手仕事感があるものを加えて、暖かみを出したり、コクーンスカートなど、丸みがあるデザインのアイテムを加え、印象に親しみやすさをプラスします。

ニュアンスボーイは、透明感のある雰囲気が共通し、実は相性がよい組み合わせ。ノーブルフェミニンは、きちんとした印象が強いテイストなので、カジュアルが苦手な人が多いのですが、ニュアンスボーイが得意な何気ないカジュアルがマスターできれば、おしゃれの幅が広がります。ゆったりした感じのオフホワイトやブルー系の無地やストライプのシャツなどを取り入れて、リラックスしたスタイルを作ってみてください。ただし、チェックのシャツはカジュアルすぎる場合もあるので、柄の大きさや素材感に注意を。

ワイルドシックは野性味があり大胆と、ノーブルフェミニンとは対極のテイスト。取り入れる場合は、なめらかで上質感のある素材や、女性らしさのあるカシュクールシャツ、フェミニンなデザインの入ったサファリ風ジャケットなどのアイテムを選べば、ほどよく颯爽としている雰囲気になり、抜け感があるおしゃれになります。大胆なデザインのアクセサリーも、ボリューム感を出しすぎなければ、いつもと違ったおしゃれを楽しめます。

エキゾチックセクシーは相反するテイストなだけに、取り入れ方に注意が必要。基本はごく少量をポイント使いするのがおすすめです。たとえば露出は控えて上品にまとめたコーディネートに、ワイルド系の象徴であるアニマル柄を、一部の装飾や、靴にだけなど少ない分量で取り入れると、上級者のおしゃれになります。

キャリアクラシック軸

キャリアクラシックの持ち味は、知的できちんとしていること。あまりごちゃごちゃしていたり、子供っぽいイメージのものは長所を損ないます。クールな知性を感じさせる、マニッシュクールやアジアンスマートとは相性がよく、特にアクセサリーや靴などで、クール系が得意なシャープなモードテイストを取り入れると、都会的でソフィスティケートされた感じが表現できます。

ノーブルフェミニンは同じノーブル系で、穏やかさは共通していますが、取り入れるときはインナーやカラー、あるいは1アイテムのみで取り入れると、すっきりしたなかにもやさしい女性らしさを加えられます。色も形もフェミニンな、お嬢様っぽいイメージのアイテムは、キャリアクラシックのやや辛口なテイストと合わず、あか抜けない感じになるので、注意しましょう。

マニッシュクールの甘さがないテイストは、キャリアクラシックと好相性です。一部のアイテムや小物などに、マニッシュクールテイストの黒やダークな色、小さめの面積でモードなデザインを取り入れると、クールな格好よさを演出できます。かっちりとしたキャリアクラシックの堅さを崩す一例として、マニッシュクールのアイテムであるジレを取り入れ、ボタンを留めずにラフに着崩すとラフで軽快な印象に。

アジアンスマートをミックスする場合は、スカーフやストール、靴などに、アジアンスマートのテイストを加えると、キャリアクラシックの信頼感のあるイメージから、少しミステリアスなイメージに変化します。

アクティブキュートを加える場合は、顔から遠いボトムスや小物などに、鮮やかな色や柄を入れ、活動的な印象をプラスします。しかし、不規則で動きがある柄は、違和感が出がち。ボーダーなど規則性がある柄のほうが、なじんできれいに見えます。

ニュアンスボーイは、リラックス感を表現したいときにミックスしたくなるテイストではありますが、キャリアクラシックの知的な印象が薄れやすいので、カジュアルなら、マニッシュクールを取り入れた着崩しか、ワイルドシックの大胆さを取り入れたほうが、大人っぽくて似合うスタイルが作れます。もし取り入れる場合は、シャツの袖の折り方などにニュアンスを持たせる程度に、割合を基準より少なめにして、抜け感を出してみましょう。髪をショートにしても、味が出てきます。

ワイルドシックは、大人っぽくシックなテイストとして、キャリアクラシックと共通点があります。インナーに少し深めのVネックやラウンドネックを合わせたり、ベルトマークしてメリハリのあるシルエットを作るなど、より大人っぽい迫力を表現します。また、アクセサリーや靴でラグジュアリー感を加えるのもおすすめです。

エキゾチックセクシーは、コンサバティブで正統的な真面目さに華やかさをプラスでき、相性のよい組み合わせ。インナーなどに少なめに、鮮やかな色を取り入れたり、ボディラインに沿ったシャイニーなジャケット、シャープで女っぽい先の尖ったパンプスなどを取り入れてみましょう。華やかにしたいシーンに有効です。

マニッシュクール軸

マニッシュクールの持ち味は、クールな格好よさ。ふわふわしたフェミニンすぎるものや、子供っぽいものは似合いません。コントラストが効いたカラー、シャープでエッジが効いた印象が身上です。

ノーブルフェミニンは、マニッシュクールとは対照的に穏やかなイメージのテイストですが、たとえばデートなどで、強さを抑えて女性らしいやさしさを強調したいとき、また目立ちすぎず、周囲になじみたいときに、ミックスすると効果的です。やさしいカラーを取り入れる、インナーをやわらかい素材や、控えめなフリル使いのものにする、靴はトレンドデザインではなく、ベーシックで上質感があるパンプスにするなど、一部に取り入れると、印象にソフトな品がプラスされます。

キャリアクラシックは甘さ控えめで、知的な雰囲気が共通しています。かっちりしながらも体に自然に沿うシルエット、またスカーフ使いなどを取り入れると、自然な女性らしさを加えられます。スカーフはネクタイ結びなど、マニッシュで、縦のラインが出るように使いましょう。

ただし、現代的な印象のマニッシュクールは、キャリアクラシックに含まれる伝統的なトラッドテイストと相性が微妙で、学生の履くようなローファーなどを身に着けると急に野暮ったくなりますから、気をつけましょう。

アジアンスマートはクールな印象が共通するため、相性がよくなじみます。パーティーなど、より女性らしい魅力を強調したいときに効果的です。細身シルエットのワンピースや、オリエンタルテイストのデザイン、モード系のシャープなデザインなどを取り入れますが、無地の生地、マニッシュクールのカラーを選んで、マニッシュクールのりりしさを生かします。

アクティブキュートは暖色系のカラーと元気でにぎやかな印象が特徴で、マニッシュクールとは異質の要素が多いため、ミックスするときは違和感が出やすい顔回りに取り入れるのは避けましょう。ボトムスや、顔から遠いバッグなどに、明るい色や多色使い、遊び心が感じられるデザインを取り入れると、軽さと親しみやすさが加わります。

また、アクティブキュートらしいデコラティブな装飾やフリルは、黒などのダークカラーで色みを抑えれば、取り入れやすくなります。

ニュアンスボーイは、中性的で静かな雰囲気が共通しています。無地やストライプのシャツをさりげなく着て、リラックスした休日スタイルに。トップスに体から離れたシルエットを取り入れ、ボトムスは細身にまとめるのも好バランス。ただし、マニッシュクールは素朴な印象の素材はあまり似合いません。チェック柄やしわ加工など、カジュアル感が強いものは違和感が出やすいので要注意です。

ワイルドシックは、大人っぽさで共通点があり、相性がよい組み合わせ。モノトーンのイメージが強いマニッシュクールのコーディネートに、ワイルドシックの基本色であるブラウンやキャメルを取り入れると、粋なコーディネートになります。服は黒でまとめ、サングラスと靴のみ茶系のコーディネートもおすすめ。シンプルで大胆な小物などもそのまま取り入れられます。ゴールドは燻《いぶ》しゴールドやシャンパンゴールドなど、黄みが弱いものがなじみます。

マニッシュクールのカラーで、ワイルドシックのスポーティーアイテムを取り入れたカジュアルなおしゃれもぜひ取り入れてみましょう。

エキゾチックセクシーは、細身の体型に共通点があり、マニッシュクールに少し足りないセクシーさを補うのによい組み合わせです。カラーはモノトーンベースで、大きく流れるラインや動きのあるデザインのアイテムを加えたり、大胆な大柄を取り入れるのもよいでしょう。

アジアンスマート軸

アジアンスマートの持ち味は、クールでミステリアスな雰囲気。ごちゃごちゃしたもの、子供っぽいものは似合いません。

ノーブルフェミニンのミックスは、上品なやさしさを加えたいときに有効です。アジアンスマートにもノーブルフェミニンにも合う、淡くて涼しげな色を取り入れたり、靴、バッグにクラシックなノーブルフェミニンテイストを取り入れ、安心感をプラスします。

キャリアクラシックをプラスすると、アジアンスマートが苦手な、カジュアルな表現がさらりとできます。神秘的で整った感じを保ちたいアジアンスマートの人は、くだけすぎたカジュアルだと魅力が半減してしまいます。キャリアクラシックのきちんとした印象を残したカジュアルなら、自分らしく、力が抜けた感じを表現できます。

いつもの体のラインを出したボトムスにコットンシャツを合わせて、細身のベルトでアクセントをつけたり、ローファーのようなトラッドなデザインのカッターシューズを取り入れても、意外と相性がよく、親しみやすさを表現できます。

ただし、チェックやボタンダウンシャツなど、トラッドのなかでもカジュアル色の強いものは、やや違和感が出やすいので、シンプルできちんとした印象のものを選びましょう。

マニッシュクールは同じクール系のため、クールさが共通し、取り入れやすいですが、あまりマニッシュクールを取り入れすぎると、服の印象が強くなり、全体にきつい印象になるので、バランスには気をつけましょう。

メンズライクなジャケットなど直線の印象が強いアウターなどを取り入れ、アジアンスマートの女性らしさを少し抑えます。仕事の場で、女性らしさより、テキパキと仕事ができる印象を強調したいときにおすすめです。

アクティブキュートは元気でカジュアルなテイストで、静かで神秘的なアジアンスマートとは異質の要素が多いため、小物やカラータイツなど、顔から離れて面積が小さいもので取り入れるのがおすすめ。さりげなくポイント使いすることで、軽さと親しみやすさが加わります。また、色みをアジアンスマートのテイストにすれば、アクティブキュート的なデコラティブな装飾やフリル、刺繍なども適度なかわいらしさの表現になります。

ニュアンスボーイはアジアンスマートの女性的で神秘的なイメージと対照的に、カジュアルでリラックスしたテイストなので、ミックスが難しい組み合わせです。カジュアルなスタイルをしたいときは、ワイルドシックやエキゾチックセクシーを取り入れたほうが決まりますが、ニュアンスボーイのテイストを表現するなら、体から離れたシルエットのトップスや、スニーカーを取り入れてもよいでしょう。

ワイルドシックは大人の色気があることが共通し、好相性のテイストです。取り入れるときは、暖かみのある色や中間色を取り入れ、クールなアジアンスマートにほどよい暖かみ、カジュアル感を出します。

またシンプルなIラインのワンピースに、ワイルドシックのアイテムであるサファリ調のジャケットをさらりと合わせたり、女性らしいラインを出したトップスに、スマートなジーンズを合わせるなど、スポーティーでラフな感じを取り入れると、格好よい印象が強まり、同性受けする颯爽としたおしゃれになります。

エキゾチックセクシーも妖艶さが共通し、取り入れやすいテイスト。健康的で情熱的なイメージを取り入れるには、ドレープなど動きのあるデザインや、鮮やかな色を使うとよいでしょう。いつもより少しだけ露出を増やしたり、ビジュー付きのサンダルなどきらきらした小物類を選ぶと、ほどよいバランスになります。

アクティブキュート軸

アクティブキュートの持ち味は、明るさと楽しさ、動き。ベーシックでシンプルなデザインの服や、シック一辺倒のイメージでは存在感が出ません。どのテイストとミックスするときも、暖色系の明るい色、楽しい柄、または丸みがある変形デザイン、ユニークな小物使いなど、アクティブキュートらしさを守ることで魅力が出ます。

ノーブルフェミニンをミックスするとアクティブキュートのにぎやかさを少し抑えて、上品な大人っぽさ、女性らしさを表現できます。コーディネートの一部に、パウダリーな淡い色や、グレーベージュ、グレイッシュピンクといった明るめでも鮮やかではない色を加えたり、少しクラシカルな小物を取り入れるとよいでしょう。

キャリアクラシックをミックスするのは、ほどよい落ち着きと知的な印象を加えるのに効果的です。ダークカラーの落ち感のあるジャージーワンピースを取り入れ、小物はアクティブキュートらしいものにしたり、英国調のジャケット、バックル使いの靴やバッグなど、長く着られそうなトラッドアイテムをひとつだけコーディネートに取り入れ、知的で深みのある印象を作りましょう。

マニッシュクールはクールでシャープなテイストなので、取り入れるとアクティブキュートのかわいらしさが引き締まり、大人っぽく落ち着く効果があります。浅めのVネックなど、ネックラインの一部にシャープな線を取り入れたり、黒やダークな色を取り入れる（アウターだときつい印象になる場合が多いので、下半身に使うのがおすすめ）、靴やバッグにシャープな印象のエナメル素材や、あまり大きくないスタッズ（鋲）付きなど、少しだけハードなイメージの装飾を取り入れると、都会的で洗練されたイメージになります。

アジアンスマートは大人っぽく妖艶なイメージで、ややなじみにくいテイストですが、鮮やかな刺繍などのハンドメイド感ある装飾、オリエンタルテイストをデザインの一部や、バッグや靴、ショールなどの小物で取り入れると、個性的なアクセントになります。その場合、ワンピースなどの軸になるアイテムは無地にします。

ニュアンスボーイは、若々しくカジュアルなテイストなので、アクティブキュートと同じグループですが、ガーリーなアクティブキュートに対してボーイッシュであり、テイストに大きな違いがあります。

ニュアンスボーイのさりげないベーシックなデザインのアイテム、オフホワイトやベージュ、ブルー系などのトップスやボトムスをひとつだけミックスすると、アクティブキュートの元気さが抑えられ、力が抜けたナチュラルで、カジュアルなおしゃれが楽しめます。ただし、顔回りがニュアンスボーイのテイストだけになると魅力を損ねますから避けてください。

ワイルドシックは暖かみのある色が似合い、カジュアルさがある点が共通しており、取り入れるとシックな大人っぽさを加えられます。アースカラーを取り入れたり、小さい面積でペーズリーやヒョウ柄など、貫禄がある大人っぽい柄を使ったり、サファリテイストのシャツやアウター、トレンチコートを取り入れることで、かわいいだけではない、颯爽とした雰囲気を演出できます。

エキゾチックセクシーはカラフルな暖色系、カジュアルなデザイン、大胆な柄物が似合う点が共通し、相性はまずまず。露出というよりは、トロピカルな柄や、アクセサリーの重ね付けなど、南国風で装飾が多いイメージを取り入れるようにします。夏のリゾートスタイルを、少し大人っぽい印象にしたいときに効果的です。

ニュアンスボーイ軸

ニュアンスボーイの持ち味は、独特の透明感とカジュアルさ。中性的で、型にはまらない雰囲気が魅力ですから、あまりきっちり堅すぎるイメージや、セクシーさを強調するファッションだと、魅力がかき消されてしまいますから、さじ加減が大切です。

ノーブルフェミニンは、繊細で透明感のある雰囲気が共通しています。シルクなどのなめらかな上質素材、ボウタイや、プリーツデザインなど、少し流れる感じの大人っぽいデザイン、上品なストラップパンプスやクラシカルなバッグを取り入れると、日頃のカジュアルなイメージが一転して、エレガントな雰囲気になります。

ニュアンスボーイはきちんとしたスタイルを表現しにくいので、ぜひ仕事やデート、フォーマルのファッションには、ノーブルフェミニンのテイストを取り入れてみてください。ただし、丸みがあるフリルは、幼いイメージを強調してしまうので、避けましょう。

キャリアクラシックは知的で大人っぽいテイストですが、やや辛口できちんとした堅さが、ニュアンスボーイの透明感を殺してしまうことがあります。取り入れるなら、そのままかっちりと着用せず、部分的に着崩せば、2つのテイストのバランスを保って、知的でくだけた着こなしの印象に。

ただし、キャリアクラシックの代表的な装飾であるトラッド風のゴールドの金具飾りは似合わないので、ご注意を。

マニッシュクールは中性的な雰囲気に共通点があり、合わせやすいテイストです。ただし取り入れる面積が多くなると重くなるので、メンズライクなジャケット、Vネックなど直線が入ったトップス、シャツなど、主に上半身の1アイテムか小物に絞って取り入れると、バランスよく、シャープで格好よい印象が加わります。

アジアンスマートは直線的なラインやモダンなデザインを取り入れると、現代的で洗練されたイメージになります。ただし光沢がある生地や豪華な刺繍、鮮やかなカラーなどは、女性的なニュアンスが強くなりすぎるので、小さい面積に。

アクティブキュートは同じグループですが、服やディテールでそのまま取り入れると、幼い印象が強くなります。タックパンツやギャザースカートなど、下半身を中心に取り入れて色みは抑えるか、あるいはカラフルな小物やアクセサリーで、少量ポイント使いすると、ニュアンスボーイのリラックス感を生かしながら、親しみやすさを加えられます。

ワイルドシックはカジュアルさがある点が共通しており、取り入れると大人の魅力を表現できます。カラーはニュアンスボーイの寒色系カラーで、ドレープなど立体感があるデザインを取り入れたり、無地か、部分的に柄が入ったストールなどで、ワイルドシックのリッチ感を加えます。太めのベルト使いや、シンプルでリッチ感があるパンプス、バッグでメリハリをつけてもよいでしょう。ただし、アースカラーや、ペーズリー柄は大人っぽいイメージになりすぎ、老けて見えるため、取り入れる場合、似合う色みを慎重に選んでください。

エキゾチックセクシーはカラフルでセクシー、あまり共通点がないテイストですから、ニュアンスボーイらしいシャツスタイルに、少し繊細さがあるエスニックテイストのアクセサリーを加えるなど、少量に抑えたほうがなじみます。

ワイルドシック軸

ワイルドシックの持ち味は、伸びやかな野性味と大胆さ。印象が強いテイストなので、繊細なテイストと合わせるのはバランスが難しいですが、上手に合わせられれば、上級者の印象になります。

ノーブルフェミニンは繊細で上品、大胆なワイルドシックとは対照的なテイストですが、シルクやカシミアなど、上質感のあるなめらかな素材が似合うことでは共通点があります。ノーブルフェミニンの上品さを取り入れたいときは、上質感のある素材で、上半身に白やベージュの大人っぽい印象のボウタイブラウスや、グレイッシュな色のニット、粗めのツイードやジャカードのノーカラージャケットなどを取り入れると、エレガントなやさしさが加わります。

ただし、水色やラベンダーなどの、ノーブルフェミニンらしい甘さがある淡い色は、違和感が出やすくなるので避けましょう。

キャリアクラシックは知的で大人っぽく、好相性のテイストです。少し控えめに見せたいとき、キャリアクラシックの服をそのまま取り入れても違和感は出にくく、きちんとした印象になります。ただし、小物はワイルドシックテイストで少し大きいもので、迫力を出したほうがしっくりします。

マニッシュクールはクールで大人っぽく、取り入れると、都会的で洗練されたイメージになります。黒やグレーのダークな色と白のコントラスト、光沢のあるエナメル素材、トレンド感あるシャープなデザインやアクセサリーなどを取り入れると、重厚感があるワイルドシックの着こなしに、どきっとするような新鮮さが加わります。

アジアンスマートを加えると、ミステリアスで女性らしい魅力を演出できます。サテンやシルクなどのしなやかで光沢がある素材、寒色系のビビッドな色、チャイナカラーなどのアジアを感じさせるデザインや、繊細でもモダンなデザインのアクセサリーなどを取り入れましょう。さらっとした素材のワイドパンツなど、体からほどよく離れ、しなやかに流れるラインのアイテムもおすすめです。

アクティブキュートをプラスすると、カジュアルで親しみやすい印象になります。ふわっとした丸い袖のチュニックなど、一部に丸みのあるデザインや、変形デザインを取り入れますが、カラーはワイルドシックが似合うカラーにして、甘くなりすぎないようにしましょう。アクセサリーは鮮やかなカラーを使ったり、ポップで遊び心あるデザインを。ゴールドはシャンパンゴールドにして、軽さを加えます。

ニュアンスボーイのテイストが入ると、少しボーイッシュで、硬質な魅力が加わります。コットンや麻のシャツ、天然石を使ったアクセサリーやチョーカーなどを取り入れ、ナチュラルで気取らない、近づきやすい雰囲気にします。

ただし、ワイルドシック軸の人の場合、生地に高級感がないと一気に安っぽくなるので、上質感がある生地であることが条件です。

エキゾチックセクシーは同じワイルド系のグループで相性はよく、より華やかでセクシーなイメージです。襟ぐりなどは少し深めにし、トレンド感のあるデザインを取り入れるといいでしょう。南国テイスト、アジアンなエスニックテイストをワイルドシックが取り入れると、安っぽくなりがちですから、気をつけてください。

エキゾチックセクシー軸

エキゾチックセクシーの持ち味は、華やかさとセクシーさ。パーティーや普段のカジュアルなおしゃれは得意ですが、仕事の場や、少しフォーマルな場では、ミックステイストできちんとした雰囲気を表現して、周囲の安心感や信頼感を上げましょう。

ノーブルフェミニンの上品でエレガントなテイストを取り入れると、カジュアル感が軽減して、仕事や目上の人との場にふさわしい、落ち着いた印象になります。上半身にシフォンやシルクなど、なめらかな上質素材で、清潔感を感じる白いブラウスやシャツ、粗めのツイード素材の丸首ジャケットなど、ややかっちりした素材のアイテムを取り入れると、エキゾチックセクシーの開放的なイメージを抑え、しっとりと上品なイメージになります。

キャリアクラシックは知的で大人っぽく、やはりエキゾチックセクシーのカジュアル感を抑えてくれますが、アウターのラインや素材に少し堅さがあるので、そのまま取り入れると、急に野暮ったくなる場合があります。

Vネックやスクエアネックのインナー、上質感があるシャツ、タイトスカートなど、女性らしさが表現できるアイテムを取り入れます。カラーは白やネイビーなど、ベーシックカラーで。

マニッシュクールのシャープなテイストを加えると、華やかななかにも、知的で抑制が効いた印象が加わります。上半身、または下半身に黒やダークカラーを取り入れ、全体の印象を引き締めます。

アクセサリーはシャンパンゴールドがおすすめ。責任感のある態度を強調したい仕事の場や、目上の方と同席する場などに。

アジアンスマートとは女性らしいセクシーなイメージが共通しています。シャープでミステリアスなイメージを出すために、体の凹凸を目立たなくするロングカーディガンを羽織ったり、モノトーンや高級感のある素材をミックスするとよいでしょう。鮮やかな刺繍などのハンドメイド感ある装飾、東洋的なイメージのバッグや靴、ショールなどの小物は、エキゾチックセクシーのテイストともよく合うので、気軽に取り入れましょう。

アクティブキュートは明るく、にぎやかな雰囲気が共通しています。形やデザインよりは、鮮やかな色や柄で取り入れたほうがなじみます。

ニュアンスボーイはセクシーさとは対極のテイストですが、エキゾチックセクシーの大胆な柄のワンピースの上に、ナチュラルでオーバーサイズのシャツなどをさらりと重ね、前で結んだり、コーディネートの一部にゆるいサイズ感のトップスなどを取り入れることで、力が抜けた、リラックスしたおしゃれを表現できます。

ワイルドシックは同じワイルド系のグループですが、ミックスすると、大人っぽいリッチ感が表現できます。トレンチコート、上質で張りのあるシャツ、大胆な大柄、アニマル柄の小物、シンプルでリッチ感があるパンプスなどは、そのまま取り入れ、颯爽とした雰囲気を演出することができます。

おしゃれのベストバランスを知ろう

8つのテイストそれぞれを軸にした場合について、ミックス方法のヒントをざっとお伝えしました。最初のうちは難しいかもしれませんが、実際に試行錯誤していくうちに、つかめていくものですから、積極的にチャレンジしてみましょう。最初は取り入れたいテイストの靴やバッグ、ストールやアクセサリーなどの小物を合わせてみるだけで、新鮮に感じるものです。

次に、コーディネートを考えるときに意識しておきたい「加減」について触れたいと思います。

「おしゃれは足し算引き算」などという言葉を聞いたことはありませんか？　ファッション雑誌などでも、「足し算コーデ」「引き算コーデ」などと謳《うた》っていたりします。

つまり、身に着けるもので、目を惹く装飾的な要素が多かったり、見た目に重い感じがするものは「足し算」、シンプルで装飾が少なく、見た目に軽い感じがするものは、「引き算」という考え方です。

足し算が少なすぎるとシンプルが地味になり物足りなく、「おしゃれ」という印象にはなりませんし、足しすぎても、ごちゃごちゃして、何がポイントかわからなくなります。また、第1章で説明した「抜け感」が不足して、重い印象になり、野暮ったく派手すぎにもなります。ですからコーディネート全体をチェックして、足し算引き算を適正に整える必要があります。

たとえば、上半身が革のライダースジャケットなら（足し算）、下半身はスカートにタイツ、ブーティで軽さを出す（引き算）。

フルレングスの黒のパンツを穿くなら（足し算）、首元はタートルネックではなく、Vネックニットにして（引き算）、軽さを出す。

粗めのツイード生地のジャケット（足し算）に、足元は9分丈のクロップトパンツ（引き算）で抜け感を出す、といった具合です。

つまり、アイテムすべてが足し算だったり、引き算だったりすることがなく、足し算の部分と引き算の部分があって、メリハリがついていると、すっきりとおしゃれに見えるのです。

どのくらいの足し引きが適正かは、あなたのテイストも関係します。にぎやかな感じが似合うアクティブキュートの人は、足し算多めのおしゃれが似合いますし、静かな雰囲気のノーブルフェミニンやニュアンスボーイの人は、服がうるさくなりすぎないように、基本的にはすっきり引き算ですが、寂しい感じにならないように、控えめな足し算が必要です。存在感があるワイルドシックの人は、思い切り引き算でも寂しくなりませんが、強い色や大胆な柄なら、服のデザインはシンプルにするといった、洗練された足し算が似合います。

また、適正さは地域によっても変わります。たとえば、東京を中心とした関東圏は、比較的シンプルなおしゃれが好まれ、全体感として引き算が主流ですし、大阪を中心とした関西圏では、おしゃれにパンチや迫力があることが重視され、足し算多めが主流です。

自分にとってのベストなコーディネートは、あなたのテイストと、暮らしている環境によって決まると言えます。

ですから、自分にとっての適正な足し算と引き算の加減は、自分で日々探し続けるしかありません。つまり、自分でベストバランスを探して試行錯誤すること自体が、おしゃれを楽しむことなのです。

足し算引き算で組み合わせ上手に

あなたは今日、小物を含め、何点のアイテムを身に着けているでしょうか？　無地、柄物の割合はいかがでしょうか。ベルトやストール、アクセサリーはどんなものを身に着けていますか？

コーディネートがマンネリ、とおっしゃる方の多くは、大体毎日、身に着けるものの点数や、無地や柄物の割合、装飾の割合が決まっている方がほとんどです。もしマンネリを打開したいなら、先ほどの足し算と引き算の考え方が役立ちます。

身に着けているものの点数に変化があると、見た目の印象は大きく変わります。たとえば、インナーを普通に1枚で着るのと、2枚重ね着して1センチ幅で下のインナーを見せるのとでは、おしゃれ度が変わってきます。

小物の点数を多めに持ったほうがよいというのは、もちろん組み合わせが効きますし、身に着けるものの点数を、簡単に足し引きできるからです。服を1枚買い足すより、同じ予算で、ベルトやストールを買い足したほうが、おしゃれの幅が広がる場合はよくあります。ストールをふわっと羽織ったり、ベルトマークすることで、服のシルエットも変えられます。

一般的に、おしゃれが無難になりがちという方は、引き算しすぎる傾向があります。究極のおしゃれは、無駄がない引き算のおしゃれとされますが、まず足し算をした経験がないと、何を引いて、何を残すか、といった感覚は身に付かないものです。

ですからもしも、あなたが日頃あまり点数を身に着けない方で、おしゃれにマンネリを感じているなら、まずはお手持ちの服やアクセサリーを、いつもより多めに身に着けたり、組み合わせを変える実験をしてみてください。その上で、必要であれば、小物から買い足すとよいでしょう。

逆におしゃれが好きな人は、着飾って、身に着ける点数が過剰になりがち。普段アクセサリーや小物をたくさん身に着けている人は、逆にどこまで減らしても寂しくならないかを試すと、究極のおしゃれに向かってステップアップできるでしょう。

コーディネートの足し算引き算の参考として、例となるアイテムを挙げます。もし、お持ちのものがマイナスアイテムばかりの場合、重ね着で身に着ける点数を増やせば装飾的な印象がアップし、簡単におしゃれ感が上げられることがあります。

また、お持ちのものがプラスアイテムばかりであれば、シンプルなマイナスアイテムを少し買い足すと、組み合わせが効いて、コーディネートのバリエーションが増えるはずです。

それでは、まずコーディネート全体の印象を決めることになる、**素材、カラー、柄**について見ていきましょう。

少し感覚的になりますが、見た目が重い、軽いをメインに、プラス（＋）、マイナス（－）で表現しています。

この印象は、素材、カラー、柄の順で強くなります。たとえば、小さめの水玉模様はマイナスアイテムですが、黒地に白などコントラストが強い色使いだと、カラーが優先になりますので、プラスの印象が強くなります。

◆素材

＋ 重量感のある素材、厚みのある素材、ざらっとした素材、光沢のある素材、シースルー

－ 軽い素材、薄い素材、フラットな素材、光沢のない素材

◆**カラー**

＋　ビビッドカラー、ディープカラー、アクセント使い、コントラスト

ー　ペールカラー、ベーシックカラー（ネイビー、グレー、ブラウン、ベージュ、白、黒）、グラデーション使い、同系色の配色

◆**柄**

＋　大柄や目立つ柄（アーガイル、幾何学柄、ペーズリー、迷彩柄、花柄など）、太いストライプやボーダー、アニマル柄（ヒョウ、ゼブラ、ホルスタイン、爬虫類など）

ー　無地、小さい柄、目立たない柄（千鳥格子、水玉、同系色の抽象柄、小花柄など）、細いストライプやボーダー、ヘリンボーン、グレンチェック

次に、**アイテム**ごとに代表的なデザインやディテールの例を挙げますので参考にしてください。見た目の重さ軽さの他に、コーディネートのなかで必然的に見える分量が多くなるものや、デザイン性のあるものはプラスアイテムに、見える分量の少ないものや、シンプルなデザイン、定番デザインはマイナスアイテムとなるのが基本です。

◆ジャケット

＋　ツイードやベロアなど素材感のあるもの、切り替えや変形デザイン、サファリジャケット、革ジャケット（黒）、ライダースジャケット

ー　綿や麻の春夏ジャケット、ベーシックなウールテーラードジャケット、革ジャケット（薄い色）

◆シャツ・ブラウス

＋　タック、ギャザー、フリル、ボウタイ、カシュクール、大きな襟、ボタンの目立つデザイン、変形袖（パフスリーブ、ドルマンスリーブなど）、スパンコールや刺繍の装飾付き、その他デザインされたもの

ー　プレーンなデザイン、小さな襟、襟なし、隠しボタンやボタンのないデザイン

◆ニット・カットソー

＋　ミドルゲージ、ローゲージ、タートルネック、ハイネック、デザインもの、ビジューなど装飾付き

ー　ハイゲージ、首回りの開いた定番デザイン（丸首、Vネックなど）

◆**スカート・パンツ**

＋　フレアスカート、ギャザースカート、プリーツスカート、マキシスカート、ティアードスカート、コクーンスカート、カーゴパンツ、ワイドパンツ、ブーツカット、裾が折り返しのデザインのパンツ

－　タイトスカート、ストレートパンツ、スリムパンツ、クロップトパンツなど丈の短いパンツ（折り返しなし）、キュロット、ショートパンツ

◆**その他**

＋　デザインワンピース、ジレ

－　Iラインワンピース

◆**小物（バッグ、靴、ベルト他）、アクセサリー**

＋　デザイン性の高いもの、大きめで目立つアクセサリーや腕時計、複数連のネックレス、スカーフやストール、帽子、サングラス、眼鏡、ファー、爬虫類のアイテム

－　シンプルなもの、小さく繊細なアクセサリーや腕時計、一連のパールネックレス

Column

2等分、3等分は避ける

スタイルがよく見えるか、そうでないかは、トップスとボトムスのバランスや身長と着丈など、さまざまな要因が関わってきます。

それぞれの体型によっても変わり、すべてのポイントをお伝えするのは到底不可能ですから、ここでは避けたほうがよいコーディネートをひとつだけお伝えしておきましょう。

それは、トップスとボトムスの見え方が、1対1（等分）となる組み合わせ。たとえばブラウスとスカートの面積が同じに見えるような組み合わせだと、メリハリがなく、野暮ったく見えます。

カラータイツを穿いた場合は、これもバランスに反映されますから、トップス、ボトムス、さらにカラータイツに包まれた脚の面積で全身が3等分されると、体が横方向に分断されるのが強調されて、スタイルダウンしてしまいます。

それでも、頭が小さく、手足が長いモデル体型の方なら、脚の長さの印象が強いため、それほど目立ちませんが、多くの人の場合、身長が低く、スタイルが悪

Column

く見えます。

スタイルをよく見せるには、全身の面積を12と考えて、トップス4〜5、ボトムス7〜8の割合、あるいはその逆にすれば、視覚的なメリハリがついて、すっきりとバランスよく見えます。特に膝丈スカートの場合、注意しないと等分したコーディネートになりがちです。

ロングカーディガンなど丈が長めのアウターで上半身を長く見せたり、あるいはショートジャケットを合わせる、カーディガンの裾を結ぶ、適切な位置にベルトマークするといった着こなしで、上下どちらかの面積が大きくなるように調整しましょう。

トップスが体にタイトにフィットしているなら、ボトムスはゆったり、またその逆など、上下のボリューム感で差をつけるのも、対比でメリハリがつき、すっきり見える方法です。

シャツとパンツを合わせる場合、シャツの裾はパンツにインして上半身をコンパクトにしたり、シャツの上からベルトマークすることで、いったん目線を切ってウエストの存在を主張すると、バランスがよくなります。

第 4 章
アイテム選びと着こなしテクニック

シンプルなシャツの表情を変える

この章では、服を素敵に着こなすためのちょっとしたスタイリングのコツ、また、きれいに見える服の選び方のコツをお伝えします。まずは、誰でも持っているベーシックなシャツがもっとあなたに似合うようにする、基本のテクニックから始めましょう。

襟でイメージが変わる

同じシャツでも、襟元の形でイメージが大きく変わります。

襟を立てると鋭角ができるため、キリッと引き締まった印象になります。丸顔の人には特に効果的です。首が短い人は首が詰まって見えますから避けましょう。

襟を開いて寝かせ、オープンカラーにしてVラインを大きく見せると、華やかなイメージで、かつ首が長く見えます。首が短い人、顔が大きい人、二重あごや鳩胸が

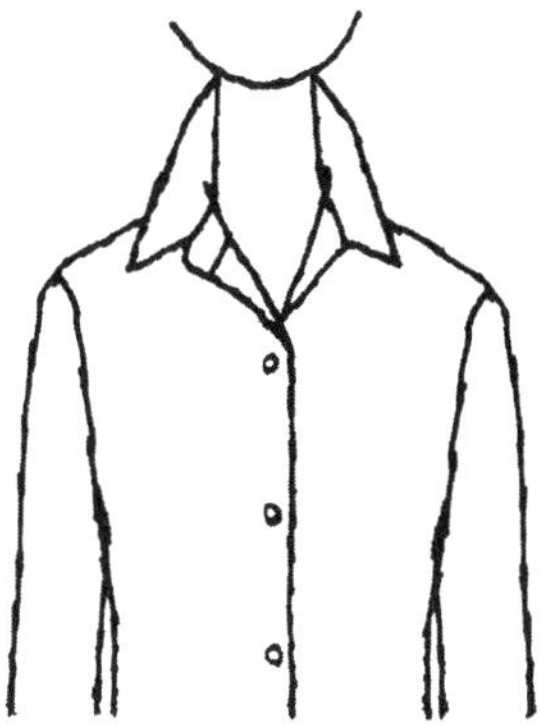

襟を立てる

襟をいったん全部立て、首の後ろで、1センチほどを目安に折り返す。
首のラインに鋭角ができるので、シャープなイメージに。

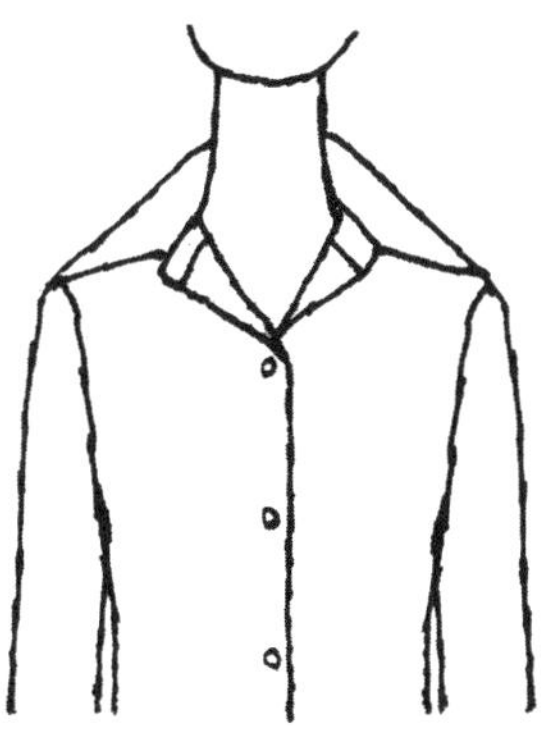

襟を寝かせる

襟元を開いて寝かせ、オープンカラーにすると首長効果が。
視線が胸元に行くので、ポイントになるネックレスをするとよい。

気になる人におすすめです。

シャツのボタンを全部きっちりと留める着こなしは、ストイックで端正な雰囲気に。首が細く華奢な人や、首が長い人に似合います。襟の上からショートネックレスをつけ、アクセントにするのもよいでしょう。

スカーフ使いで華やかに

襟を立て、首元にスカーフを巻いてポイントを作ると華やかな雰囲気になります。また結び方を変えれば、さまざまに印象も変えられます。

シャツの首元に巻く場合、スカーフは薄手素材がボリュームが出すぎず、扱いやすいのでおすすめ。78センチ四方の中判スカーフ、あるいは50センチ四方くらいのプチスカーフも、ひと巻きすればほどよい長さで決まりますから、使いやすいでしょう。

また首元を開け、なかに細く折ったスカーフや、ロングネックレスやラリエットを巻くと、首元に縦長のYラインができ、すっきりシャープに見えます。襟の開き加減の自分のベストポジションを探して、おしゃれ感をグッと上げてみてください。

サイドアレンジ

襟を立て、首元にプチスカーフをひと巻きしてアクセントに。
ほどよく華やかで誰にでも似合いやすく、柄や色によってもイメージを変えられる。

カウボーイ巻き

三角に半分に折ったスカーフの端と端を、首の後ろで交差させ、前で結ぶ。
防寒にもなる、スポーティーな印象のおしゃれ。

シャツ袖のロールアップ

長袖シャツの袖をロールアップして、7分丈にする着こなしは、手首を強調するため女性らしさを感じさせ、シャツの堅さを崩し、「抜け感」を出すのに有効です。ほっそりしたパーツである手首を見せることで、着やせ効果もあります。

7分丈はどんな女性にもおすすめの袖丈ですが、さまざまな丈を試して、自分にぴったりの丈を研究してみましょう。短かめにすると軽快な印象に、やや長めにしたほうがエレガントになります。

カーディガンやジャケットを重ね着した場合は、シャツとアウターを重ねて折り上げると、袖口にのぞくシャツの生地部分が全体のアクセントになり、引き締まった着こなしになります。

ロールアップは、あまりきっちり折らず、無造作にくしゃくしゃと折ったほうが様になります。無造作に折るとずり落ちてきて気になるという人は、次ページでご紹介している「ずり落ちないロールアップ」を試してみてください。ジャケットの袖のロールアップにも応用できます。

ずり落ちないロールアップ

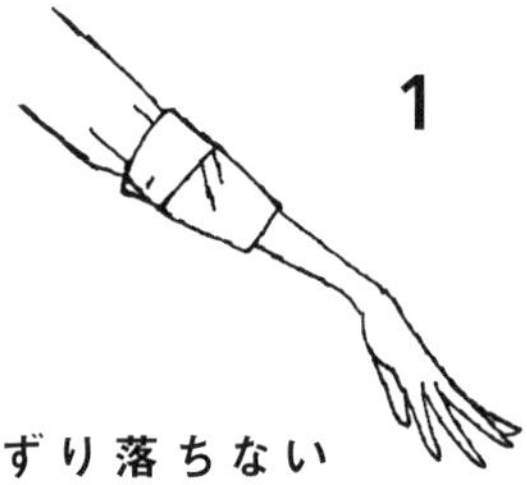

1

カフス幅の2倍より、少し長めの位置から、ひじに向かって折り上げる。

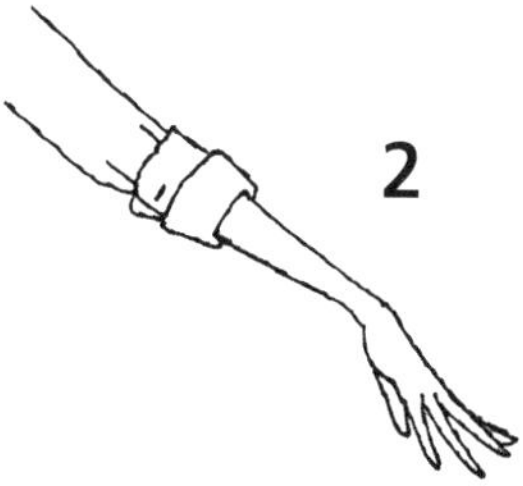

2

折った部分の1/3をもう一度折り上げる。

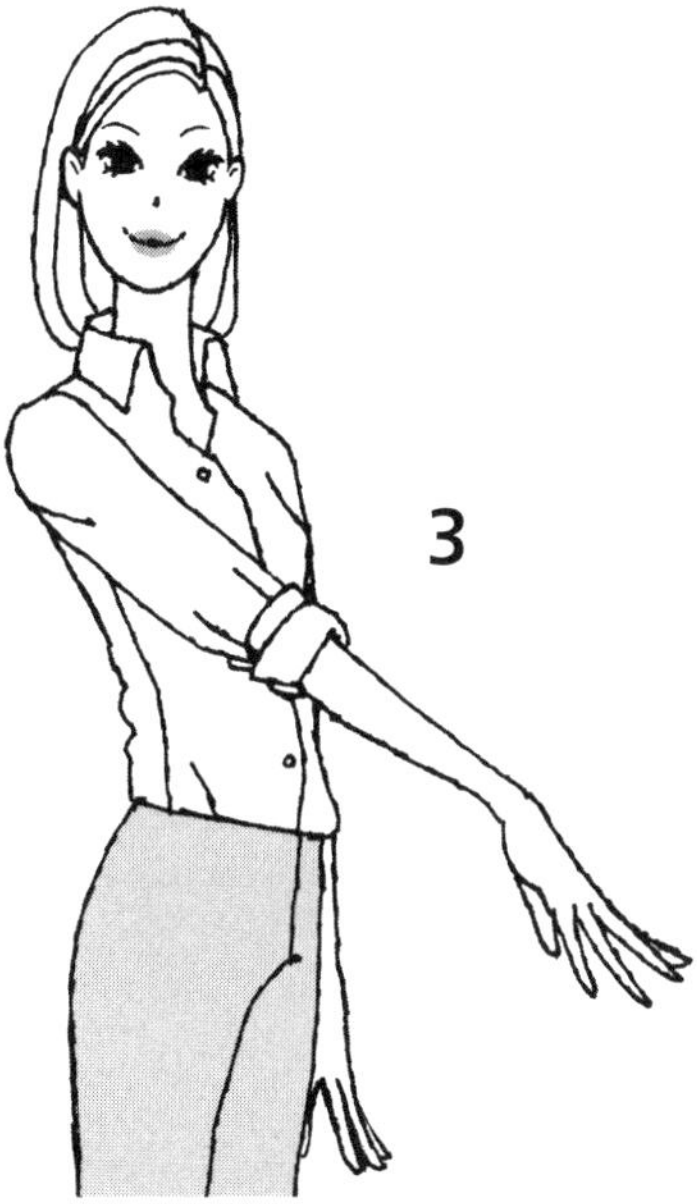

3

さらに折り、カフスが折った部分の1/3程度のぞくようにして完成。
カフスの端がアクセントに。

もっとジャケットを着こなそう

ジャケットは、少しゆるみが出てきた大人の体型をカバーしてくれる、心強い味方。仕事の場できちんと着るだけでなく、もっと普段のおしゃれに取り入れましょう。

「この一着」を選ぶには

ジャケットは着こなし以前に、まず自分に似合うものを選ぶのが大切です。身長、頭の大きさ、首の長さや太さ、肩幅、体の厚みで似合うものが変わります。ここでは首と頭の特徴を手がかりにご紹介します。

首が細く長い人は、深すぎるVネックラインは避けましょう。首回りの開きが少ない、浅めのVネックのテーラードや、ノーカラーの丸首がおすすめです。首が細く長いということは、肩幅とのバランスによりますが、頭が大きめに見えるということ。テーラードを着るときは、シャツの襟を出したり、巻き物で首回りをアレンジするなど、首を長く見せすぎない工夫も有効です。

首が太めで短い人は、Ｖネックラインが深いものがおすすめ。また、ボタンを留めずに前を開けて着ると首が長く、すっきり見えます。少しアレンジした変形襟、丸首、ノーカラー、前ボタンなしのデザインなども似合います。鳩胸なら、胸ポケットなしのジャケットがきれいです。

首が長くも短くもないという人は、いわゆる９号サイズの標準体型の方に多いようです。テーラードも、丸首もきれいに着られます。反面、安易に選ぶと無難な印象になりやすいので、ベーシックなデザインなら、首やデコルテ、頭とのバランスが特に美しく見えるものをじっくり探してください。ノーカラーのＶネックなど、少し目を惹くデザインで個性を感じさせるのもよいでしょう。

頭が大きめな人は、体とのバランスをとるため、生地と肩がしっかりしているジャケットがおすすめですが、大げさな肩パッドは逆効果。上半身に迫力が出すぎてしまいます。適度に肩があり、Ｖの開きが首から少し離れて、ラウンドを描くＶネックラインのジャケットだと、目線が体の中心に集中しにくく、頭の大きさに目線が行きにくい効果があります。肩幅が狭い人、なで肩の人も同じです。

頭が小さな人は、大げさな肩パッドが入ったもの以外、ジャケットがよく似合う体型ですから、いろいろチャレンジしてみましょう。

着崩しテクニックでカジュアルに

ジャケットをそのまま着用せずに、襟を立てたり、袖をロールアップすることで、こなれた雰囲気になり、カジュアルな印象のおしゃれを楽しめます。

◆襟を立てる

襟の後ろを立てると、首回りに立体感が出て小粋な印象になります。あまり大きな襟だと難しいですが、ほどよい襟幅のベーシックなジャケットなら、大体活用できるテクニックです。小さな襟の場合は、後ろだけではなく、全体を立てるとバランスがよいでしょう。

襟を立てることで縦のラインが強調され、すらっと背を高めに見せる効果もあります。下にシャツを着る場合は、シャツとジャケットの襟は重ねて、一緒に立てても、違った表情が楽しめます。

ただし、首が短めの人の場合は、首が詰まって見えがちなため、注意してください。

首回りに立体感が出るため、
シャープで粋な印象に。
袖をロールアップすれば、より
カジュアルになる。

ジャケットの
襟の立て方

襟をいったん全部立て、首の
後ろで1センチほどを目安に
折り返し、前に向かって自然
に流す。

◆袖のロールアップ

シャツのロールアップ同様、こなれたおしゃれの表現として、ジャケットの袖を少し折り上げることが流行っていますが、この場合は、「折り上げておしゃれなジャケットであるかどうか」をきちんとわかっていることが大切です。

ジャケットの袖を1回折ると、裏地の付け口が見えます。安価なジャケットの多くは、細かい縫製過程が省けるよう、生地のゆとりを多めに見込んで、裏地をつけています。こうしたジャケットで、裏地の付け口を見せると、ぶかぶかして格好がよくない上、上質なジャケットではないことがわかってしまいます。

袖を折り上げるにはあまり向いていませんが、折り上げたいときは2回以上折り上げて、裏地の付け口が見えないようにしましょう。

作りがよいジャケットは、裏地と表地の間の遊びが少ないため、折り返して裏地の付け口を見せても、表地と裏地がぴったりなじんできれいです。こうしたジャケットなら、ひとつ折りで決まります。裏地がない1枚仕立てのジャケットの場合、さらに縫い目が表に出ないようにきれいに処理されているかどうかで、見え方の高級感、格好よさに差が出ます。

最近は、折り上げて袖口の長さを調節することを前提に、袖口から裏地の付け口ま

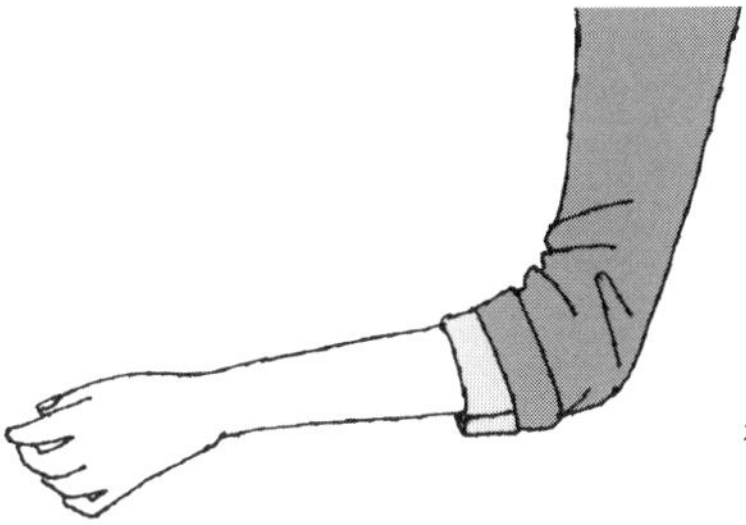

ジャケットのロールアップ方法

袖を先にひじ下まで引っ張り上げしわを寄せてから、シャツのカフス幅程度に1回折る。

無造作に見せるのがポイント。

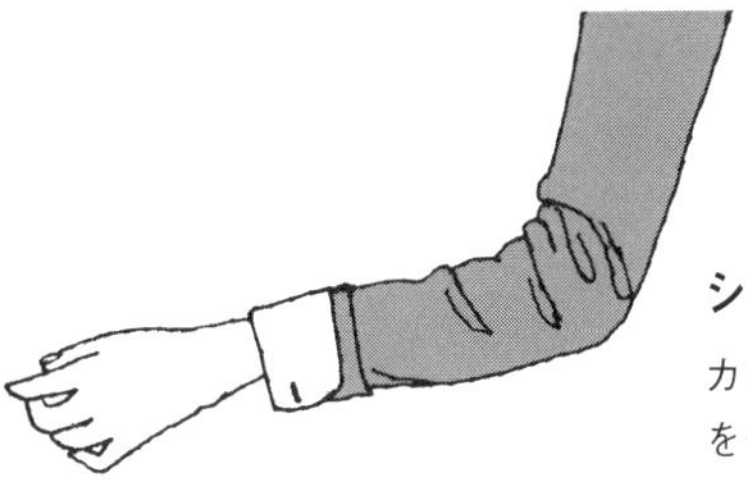

シャツを見せる折り方

カフスの幅でシャツとジャケットを一緒にひと折りすると、小粋なアクセントに。
小柄な人は折る幅を少し細めにするとバランスがよい。

でが、10センチ以上離れているものも出てきています。この場合は、ひとつ折りがきれいです。

スカーフ使いでエレガントに

ジャケットを上品に着る場合は、袖の長さはそのままで、スカーフ使いで、女性らしくエレガントなイメージを加えることもできます。

細長くバイヤス折りにしたスカーフを首にかけ、そのまま垂らしてジャケットの内側にのぞかせたり、首元に結んで変化をつけます。

このときに使うスカーフは、78センチ四方の中判サイズや、90センチ四方の大判サイズが使いやすいでしょう。スタンダードな大判サイズを使う場合、ボリューム感が出すぎると不自然になるので、ボリューム感が出にくい結び方にしましょう。

カラーや柄もエレガントで上品なイメージにすると効果的です。スカーフ1枚で、インナーが数枚増えたのと同じ効果がありますから、ジャケットコーディネートのイメージチェンジに、ぜひ取り入れてください。

襟に沿わせる

細長くバイアス折りにしたスカーフを首にかけ、ジャケットの襟あきに沿わせる。
スカーフの上からベルトをしてスカーフを押さえると、ずれにくい。

ねじり結び

バイアス折りのスカーフを首に巻き、体の正面で2回縦にねじってから、両端を首の後ろで結ぶ。

シンプルなニットなどのポイント作りにも合う。

パンツはロールアップでベスト丈

洋服の着こなしは端の部分の見せ方が肝《きも》。パンツの場合は、裾の仕上げ次第でおしゃれ感が決まります。定番アイテムもロールアップで旬の丈感にすると効果的です。

パンツの幅でベスト丈&折り幅が変わる

パンツはデザイン、特に太さによってベストの丈が変わります。最近は、ジーンズやカジュアルなパンツはロールアップでベスト丈に合わせるのが旬の方法ですから、鏡を見ながら工夫して、それぞれのパンツと自分の体型に合うグッドバランスを探してください。

たとえば太めのゆったりしたパンツは丈を短くしすぎず（8〜9分丈）、折り幅もやや広め（約3センチ）にすると、エレガントなイメージでバランスがとりやすいと思います。

細めパンツは足首が美しく見えるように、少し短めの丈にして、折り幅も細めに折りましょう。細めパンツを太めの折り幅でロールアップすると、少し古い感じで洗練されて見えないので、注意してください。パンツの丈が短くなったり、折り幅が太くなるとカジュアルなイメージになります。

流行によって、旬の折り方が生まれますから注意が必要です。ちょっとしたコツでグッと洗練された雰囲気になるロールアップをぜひマスターしてください。

靴でベスト丈&折り幅は変わる

また、合わせる靴によってもロールアップのベスト丈と折り幅は変わります。デザインによって微調整することで全体のバランスが断然よくなります。

◆ヒール靴

ヒール靴を履くと足の甲のラインがきれいに出ます。その美しい甲のラインが強調されるように、パンツの丈はやや短めにして、ロールアップの折り幅もやや細めが基本の好バランスです。

◆**フラットシューズ**

パンツにフラットなバレエシューズを合わせるときは、やや細めパンツを長めの丈にすると相性がよいでしょう。膝から続くラインの延長が脚を長く見せます。折り幅は2センチ目安の細め幅で、ひとつ折りがきれいです。

ヒールがなく、先が丸いバレエシューズは、パンツでは脚を長く見せる効果が出ないため、脚をより長く見せたい場合は、同じフラットシューズでも先が尖ったデザインにすると、目線が足先まで誘導され、シャープな視覚効果で脚がすっきり長く見えます。

◆**メンズライクな靴**

マニッシュな革のひも靴やローファーなど、メンズライクな重めの靴に、太めでフルレングスよりやや短い丈のパンツを合わせると、軽やかな印象に。

ロールアップの丈は9分丈ぐらいが似合います。折り幅については、細めは上品に、太めはモード感を演出できます。

太めパンツ＋
太め折り幅

太めのパンツはメンズライクな靴と好相性。折り幅によって、カジュアルからエレガントまで違う表情を楽しめる。

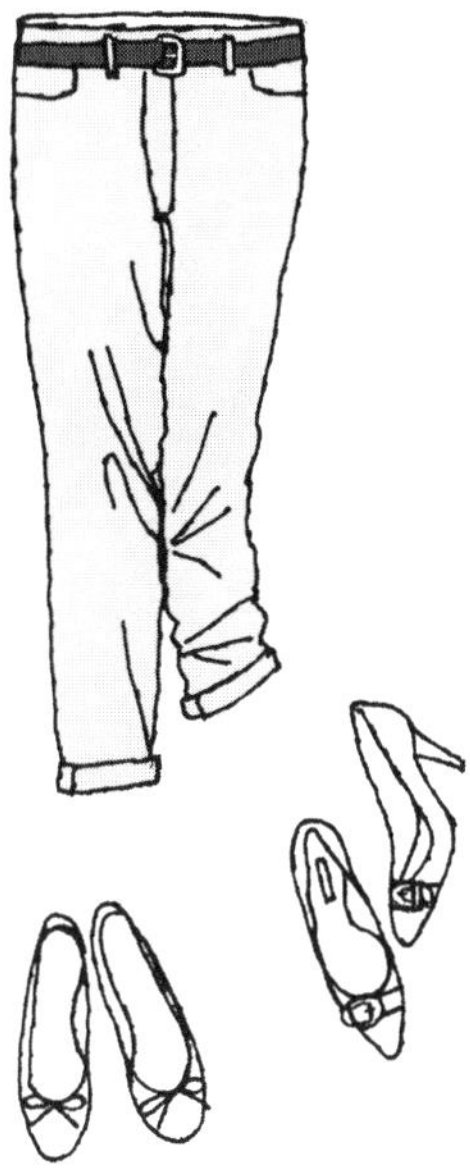

細めパンツ＋
細め折り幅

細めのパンツは、ヒール靴なら短め丈、バレエシューズは少し長め丈に調節。折り幅は細めで、エレガントな女性らしさを強調。

トレンチコートを小粋に着こなす

季節の変わり目のおしゃれに、1枚あると便利なトレンチタイプのコート。でも、コートに「着られて」しまっている人も多いアイテムです。選び方と着方で洗練度がグンとアップしますから、ぜひ自分にぴったりのコートと着こなしを見つけてください。

トレンチコートの選び方

トレンチの裾丈は、普段、スカートとパンツ、どちらをよく着るかで決まります。スカートをよく穿くなら、スカートがはみ出さない丈にするのが第一条件です。ベルトを締めて着て、シルエットがきれいなものがベスト。最近はコートからスカートがはみ出す着方も許容されていますが、本来、そうした着方はあまり美しくありませんから、おすすめできません。特にパーティーに着るワンピースなどがコートの下から出ているのは格好悪いものです。

日頃パンツ派なら、膝丈、ショート丈が軽快な雰囲気で着こなせます。

1枚でスカート、パンツに兼用できるものを選びたいなら、ベルトを締めて着てボリュームが出すぎず、ギリギリ膝丈なら、どちらにも合わせやすくなります。

美しく着るには、ジャストサイズであることがマスト。ですから、サイズ感を丁寧に見極めて選んでください。下にジャケットを着るとしても、オーバーサイズは最も美しくありません。モコモコと厚着をした上に着るとあか抜けない感じになりますから、寒がりさんにはライナー付きがおすすめです。

メンズアイテム発祥であるトレンチコートは、基本的には背が高い人、骨格がしっかりした人が似合うアイテムです。バーバリー、アクアスキュータムなどの重量感ある伝統的デザインのトレンチコートは、テイストでいうとワイルド系向き。

華奢な人、小柄な人は、パーツが小ぶりなものを選びましょう。スタイルが気になる人はベルトの位置がやや上になっているものがおすすめです。

また、体の薄い人が多い日本人の体型をよく研究している日本のブランド、たとえば、「デ・プレ」といったセレクトショップのオリジナルには、日本人体型をカバーしてくれるよいものが多いです。カラートレンチは個性的ですが、飽きやすいので、自分の肌色や雰囲気に合ったベージュかネイビーが使い勝手がよいものです。

ボタンを外したときのベルトアレンジ

トレンチコートはボタンを外した着こなしか、かけた着こなしかで印象が変わります。ボタンを外した着こなしはカジュアルなイメージで、無造作に颯爽と羽織ると格好よさが出ます。

前を開けて着るときに、気になるのがベルトの処理。リラックスしたいシーンでは、ベルトループに通したベルトを、結ばずにそのままポケットに入れてもかまいませんが、よりおしゃれ感を出したいときは、背中側のベルトループに通したベルトを、背中側で身幅分ほどに絞って結ぶと、ウエストフィットの女性らしいラインができ、大人の女性らしいシックさが表現できます。

ベルトの結び方にはさまざまありますが、簡単でおしゃれに見える方法を、次のページで紹介します。

なお、最初に左右のベルトを結ぶときに、剣先側を長くとると、仕上がりのベルトの長さは左右対称でかわいらしいイメージに。左右同じにすると、バックル側のほうが長い左右非対称になり、大人っぽくこなれた感じになります。

結んだベルトの先が余った場合はポケットに入れると、後ろから見ると蝶々結びのように見え、かわいらしさも表現できます。

1

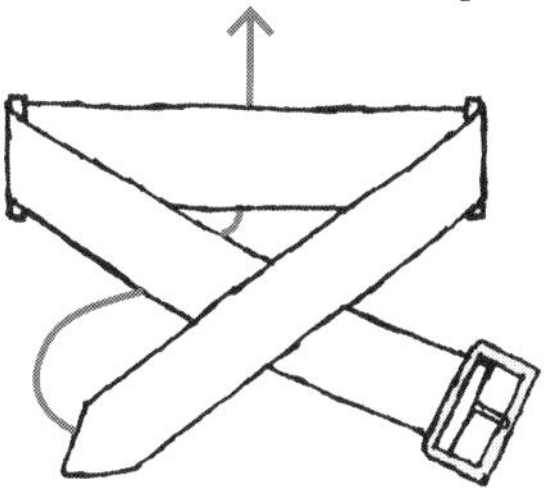

ダブルテール

ベルトの剣先側を前にして交差させてから、背中のベルトの後ろに通す。

2

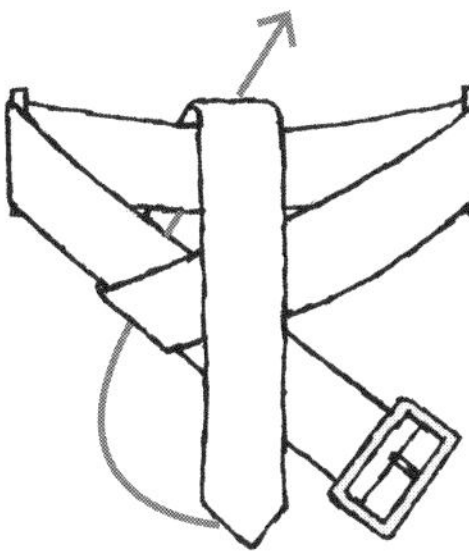

上に出た剣先側を、再度前から後ろに通し、巻く。

3

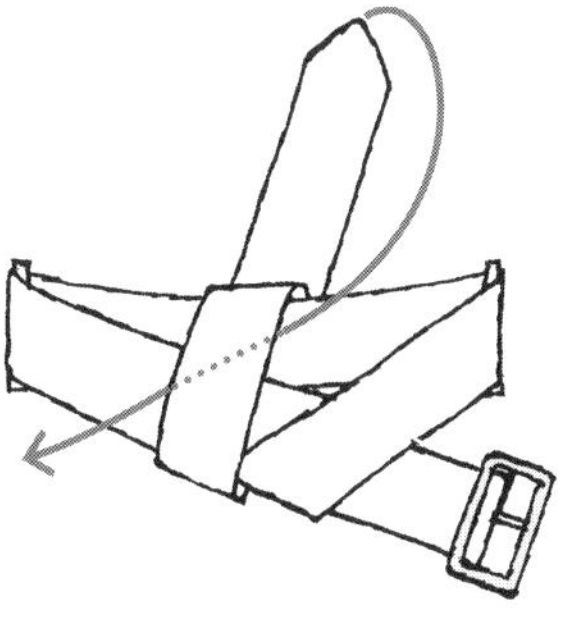

巻いた部分に剣先を通す。

4

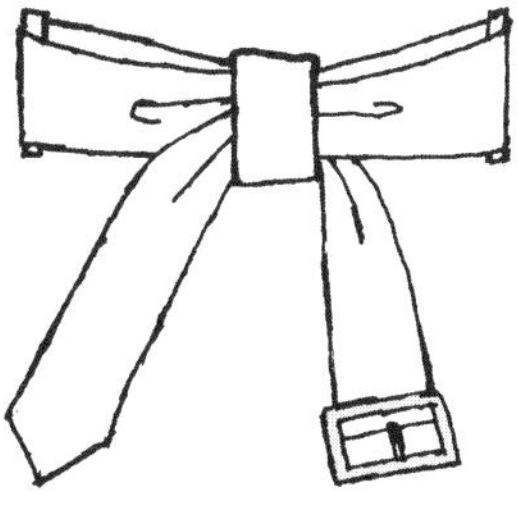

形を整えて完成。

ボタンをかけたときのベルトアレンジ

トレンチコートのボタンをかけ、ベルトマークすると、ワンピースのようなイメージになり、よりエレガントで女性らしいイメージが表現できます。

ただし、ウエストマークすることによって、コートの下部にボリュームが出るので、この着こなしをする場合は、膝丈より長い丈であれば、ボトムスはパンツよりもスカートのほうが断然決まります。特にフルレングスのパンツを合わせると、重くなりすぎてしまいますから、バランスに注意しましょう。

ベルトを結ぶ場合、蝶々結びにしている方が多いですが、大人の女性におすすめなのは、片方にだけ輪を作る、片蝶結び。長めのベルトなら、仕上がりのベルトの長さは左右非対称にすると、粋な印象になります。

本来はベルトは結べるくらい長いものなのですが、最近は短いベルトのトレンチコートも多く出ています。ベルトが短くて片蝶結びができない場合は、左右のベルトの長さが非対称になるように固結びし、体の正面から右か左に少しずらすだけで、こなれた雰囲気になります。

1

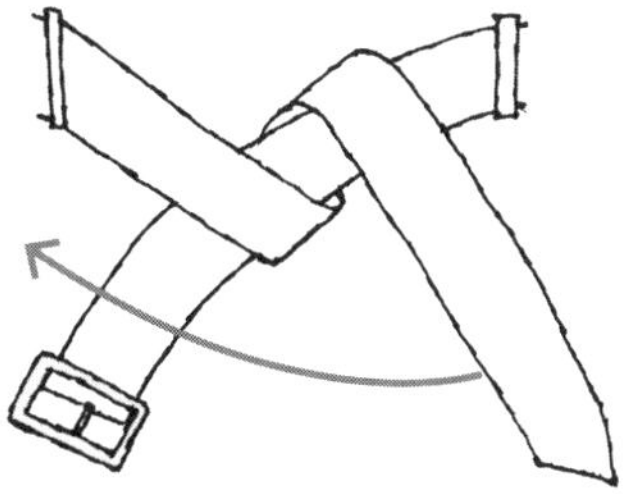

片蝶結び

剣先側が上になるように巻きつけてから、バックルの上にずらす。

2

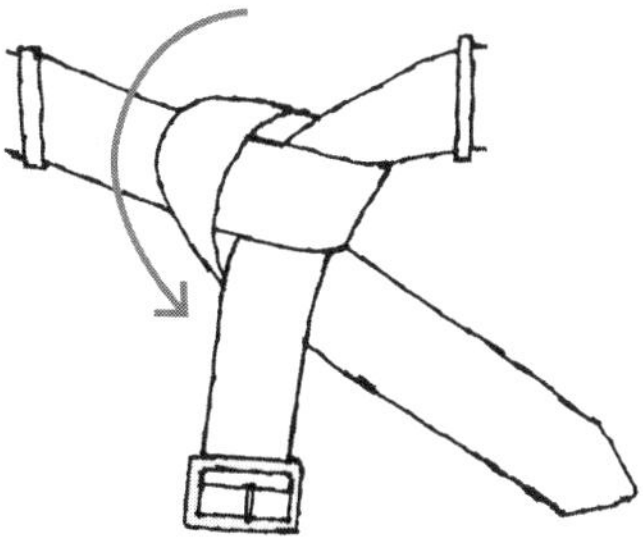

剣先側で輪を作りながら、交差部分の裏に回す。

3

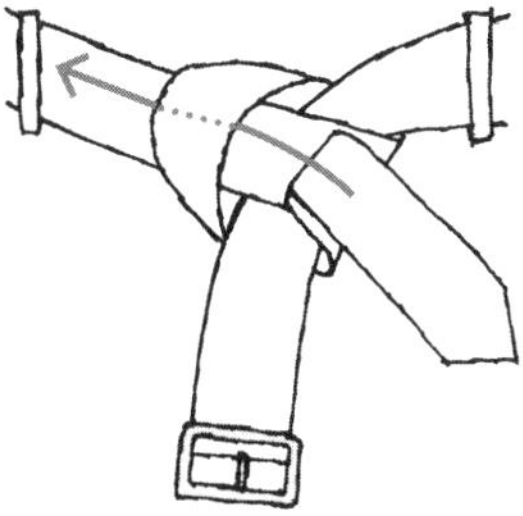

剣先側を二つ折りにして輪に通す。

4

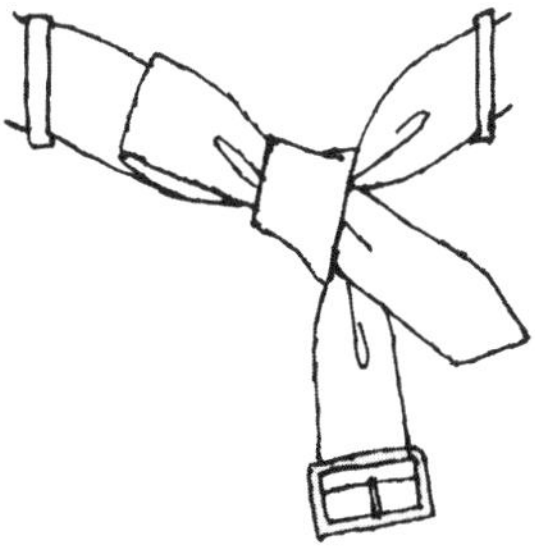

二つ折り部分とバックル側を引き、形を整えて完成。

大人の女性のレッグウェア

スカートから伸びる脚を包むストッキングやタイツは、大人の女性のエレガンスを表現する重要ポイント。選び方によってすっきり脚やせ効果も期待できます。

◆ナチュラルストッキング

ベーシックなベージュのストッキングは、どんなタイプのスカートとも好相性。厚ぼったいもの、くすんだ色、張りのないものは避け、自分の肌の色にできるだけ近いものがベストです。ぴったりの色がないときは、肌より明るい色は浮きがちなので暗めの色を。ややシャイニーなストッキングを選べば、すっきりと引き締まった脚に見えます。

◆カラーストッキング&タイツ

「無難」と誤解されている黒を選ぶ方が多いですが、黒は輪郭を強調しますから脚のラインが気になる人には向きません。全体が重苦しくまとまってしまう危険もあります。ダークカラーなら、チャコールグレー、ネイビーが軽快でおすすめです。デニールは低めのほうが洗練された雰囲気になります。

◆網タイツ

ナチュラルストッキング代わりに、ベージュやブラウン系の目の細かい網タイツ（フィッシュネット）を穿くと、ナチュラルでありながら、表情も出て一石二鳥。光沢が少しあるものも透明感が出て素敵です。ダークカラーのスカートには、黒でも網目ならとてもよく合います。目の細かいものはフォーマルにも対応できますが、目が粗いとセクシーになりすぎますから注意が必要です。

◆柄ストッキング

選び方がとても難しいアイテムです。縦ラインのストライプは脚をほっそり見せてくれるので、おすすめですが、大きな花柄、ペーズリー柄といったものは、脚が太く見えます。

タトゥー柄は、大人の女性には子供っぽくなるのでおすすめできません。

帽子のアレンジでイメージが変わる

おしゃれのポイントになる帽子は、ただ被るだけではなく、似合う角度や被り方を工夫すると、顔になじみ、格好よく被りこなせます。顔は見える面積が広いとカジュアル、狭いとシャープなイメージになります。また、右や左に、ほどよく傾けたり、つばを折り上げても、イメージが変わります。

また、帽子のマナーも頭に入れておきましょう。ヨーロッパにおいては、室内では男性は脱帽しますが、女性は（アクセサリーの一部と考えられているので）つばの小さなものなら被ったままでかまいません。ただし、日本では室内で脱ぐのが習慣ですから、特に目上の方の前では取りましょう。帽子掛けがなかったら、中折れ帽など、やや重量があるメンズライクな帽子の場合は、つばを上にして置くのが本場のやり方です。これは下にして置くとつばが傷みやすいからですが、日本ではあまり知られていないため、見えない場所に置く気遣いができると上品ですね。

簡単アレンジ

片側のつばを折り鋭角のラインを作ると、大人っぽくすっきりしたアレンジに。折った部分はコサージュなどで固定。飾り次第で違った雰囲気に。

アレンジなし

つばが広い帽子を被ると、かわいらしい雰囲気になるが、顔の周辺が曲線ばかりになり、太って見えることも。

ブーツで脚をすっきり見せる

上手に選べば、ブーツは脚をまっすぐに、長く見せる強い味方！　すっきりきれいに見える美バランスをマスターしましょう。

ロングブーツを選ぶときは、極力いろいろな筒幅を試して、自分の脚のラインがきれいに見えるものを選んでください。高級品でなくても、デパートのオリジナル商品などは、サイズバリエーションが豊かで、流行も取り入れられており、おすすめです。

履くときに一番気をつけたいのは、スカート丈とブーツのバランス。膝丈スカートにロングブーツを合わせる場合、スカートの裾がブーツの履き口ぎりぎりにくるのは避けてください。スカート丈を5〜8センチ長くすれば安定した見え方になり、O脚など脚がまっすぐではなくても、ブーツの直線ですっきり、まっすぐな印象を与えます。膝丈スカートを穿くことが多い人は、ロングでなくショートブーツやブーティを選んでも、軽やかでおしゃれです。

膝丈＋
ショートブーツ

膝丈スカートは、ショートブーツやブーティで軽くするのもよい。
大人の女性なら、細めヒールなどエレガントなデザインがベター。

膝下丈＋
ロングブーツ

スカート丈が履き口より5～8センチ長いと自然に視線が流れて、すっきり見える。
脚のラインもブーツでカバーできる。

膝丈＋
ロングブーツ

スカートの裾とすれすれのブーツ丈はNG。
視線が流れず脚が長く見えない上、O脚などの欠点が目立つ。

ファーアイテムの選び方

ふわふわしたファーに惹かれる女性は多いもの。でも、選び方次第では安っぽくなったり迫力が出すぎたり、難易度の高いアイテム。似合うファーを見つけましょう。

自分に似合う質感と毛足を選ぶ

ファーとひと口に言っても、さまざまな質感と毛足があり、ゴージャスなものが似合う人、カジュアルなものが似合う人に分かれます。フサフサと毛足が長くなればなるほど、ゴージャスになります。選び方のヒントとして、第2章で触れたファッションテイスト別に似合いやすいファーをご紹介します。

◆ノーブル系…毛足の長さはほどほどの、上品な感じのファー
ラビット　シルバーフォックス　チンチラ

◆**クール系**……毛足が長くゴージャスなもの、モノトーンのファー
シルバーフォックス　山猫　ミンク　ゼブラ柄　カウ

◆**キュート系**…毛足が短いもの、毛先にウェーブがあるファー
ラム（子羊）　ラビット　ミンク　カラー染めのフォックス

◆**ワイルド系**…毛足は長くても短くてもよく、野性味あるファー
茶系のフォックス　ヒョウ柄

毛皮と価値観

リアルファーは、当然のことながら、素材は動物の皮。昨今、動物愛護の観点から、リアルファーの反対派も増えています。デザイナーで有名な反対派はステラ・マッカートニー。彼女のコレクションにリアルファーは登場しません。

最近は、フェイクファーの質もよくなり、本物に近い質感の商品も多くなりました。ファッションアイテムのなかでもとりわけ「定番」と思われているファーですが、

もちろん、ファーにも流行があります。動物愛護の観点から、あるいは流行の観点から、フェイクファーを選ぶのもよいと思います。

とはいえ、やはり、高品質のリアルファーの触り心地、暖かさは格別です。リアルファーか、フェイクファーか。それはご自身の価値観次第ですし、それぞれのよさがあります。考えが変わり、今はフェイクファー派の方でも、持っているリアルファーを捨てずに、大切にお使いいただければと思います。

セット物より単品買い

付け襟ファーなど、ファーのパーツがついたコートを「いろいろな着方ができそう」と、つい買ってしまいがちかと思います。しかし、結局、付けたり外したりが面倒になって、付けっぱなしか外しっぱなしか、どちらかである場合が多いのではないでしょうか。ファー付きの状態で似合って、ご自身も着たいという場合はよいですが、「お得だから」という理由で買わないこと。

本当は、襟巻きやティペット単体の商品のほうが毛足やボリューム感、カラーなど、さまざまなバリエーションが豊富ですから、ぴったり合うものが見つかりやすいのです。ぜひ、できる限り、試着して価値ある一品を手に入れてください。

Column

ニットのお手入れ方法

美しく、長く着るために、洋服のお手入れはとても大切。なかでもニットは日常のお手入れが肝心です。便利なグッズを活用して、お気に入りの服を、美しく保ちましょう。

◆ニットに毛玉を作らないコツ

着用するたびに、高級な洋服ブラシをかけてお手入れすると、飛び出した毛玉がほぐされ、毛玉になりづらくなります。洋服ブラシは、静電気が起きにくい天然毛で、デリケートな繊維を傷めない、しなやかでコシがある馬毛の毛足の長いブラシがおすすめです。高品質の洋服ブラシは高価ですが、まさに「一生物」ですから、同じ価格のニットを1枚、我慢してでも手に入れていただきたいと思います。

最初に洋服の繊維に逆らって軽くブラシで払い、ほこりやごみを浮かせ、次に繊維の目に沿って上から下に払いましょう。ごみが取り除かれ、繊維の流れが整

Column

います。ブラシをかけると、ニットの表面に光沢が出て、長持ちします。

ブラシをかけるのは、最初は面倒に感じるかもしれませんが、慣れたら、それほどの手間ではありません。ぜひ、習慣にしてください。

毛玉ができてしまった場合は、専用の毛玉取りブラシがおすすめ。猪毛などを植え込んだものですが、表面を傷めずに毛玉が取れ、ニットが新品のように蘇ります。はさみなどで毛玉を切るのは、ニットが薄くなりますし、うっかり手が滑ってニットを切ってしまう危険もあるので、避けたほうが無難です。

◆ニットのほつれを直す方法

ニットのみならず、どんな繊維のほつれも瞬時に直してしまうのが「ほつれのん」という補修針。針の老舗、京都の「みすや忠兵衛」の商品です。

使い方は簡単。針先を生地から飛び出した糸の根元に刺して、そのまま生地の裏側に突き通します。針先と反対側がザラザラした加工になっていて、そのザラザラにほつれ糸が絡まり、針を引き抜くと、あら不思議、ほつれが目立たなくなります。持っておくと、とても重宝な便利グッズです。

第 5 章
美しく年齢を重ねるために

ロールモデルがいない！

30代後半になったら着る服に迷うようになった、とおっしゃる方が多くいらっしゃいます。加齢による外見の変化もありますが、今の日本では40代向けのファッションブランドが、手薄に感じるゾーンだということもあると思います。

かえって50代以上なら、その年代層の体つきを若々しく見せる工夫を盛り込んだブランドが存在しますから、納得できる選択がしやすいでしょう。しかし40代は、体型やライフスタイルに個人差が大きいため、他の年代層のように、年代別のブランドを選択すれば、おおむね間違いがないというわけにはいきません。

30代と50代とでは、体型などに大きな違いが生まれます。でも、30代と40代とでは、個人差も多く、ゆるやかな変化です。洋服のラインやシルエットも、少し変化は必要だけれど、50代以上ほど大きな変化が見られるわけではありません。たまに40代向けのブランドができても、パッと見た印象では30代向けの商品と変わらないのに、価格は高めですから、結局お客様が定着しないのです。

ですから私は今、40代の方には、少し若めの年代層向けのブランドのなかから、着て違和感がないものをチョイスするか、あるいはセレクトショップなど、年代で商品が分けられていないショップから服を選ぶことをおすすめしています。同時に、たとえば30代に手頃なブランドの3〜5万円台のジャケットを着ていたとしたら、少し上級ブランドの6〜10万円台のジャケットに挑戦してみるなど、年齢とともに上質なものを少しずつ取り入れる意識は持っていただきたいと思います。若さの代わりに服の上質感で華を補う必要がありますし、年齢を重ね、人間としての存在感が増したからこそ、上質な服を着ても着負けせず、味わいが出るからです。

洋服を日本人が日常的に着るようになって、まだ約100年です。まして、多くの女性が自由におしゃれを楽しむようになってからは数十年程度。日本の洋服のおしゃれは、まだ発展途上と言えます。身近に、「あんな風に歳を重ねたいな」と目指したくなる、ロールモデルになる女性はまだまだ少ないのではないでしょうか。

昔ながらの「おばさん」とは違う、新しい中年女性として生きている今の40代前後は先駆者。どのように生き、どんな服をまとい、素敵に歳を重ねていくか。私自身も、今の自分にふさわしい素敵のあり方を模索しています。

「かわいい」卒業は難しい

日本の「かわいい＝kawaii」は、今や世界共通語です。「かわいい」と表現する範囲はとても広いですが、基本的には「幼さ」「若さ」＝「よいこと」という評価基準の褒め言葉であると思います。

成熟した大人の女性が、マダム然と堂々としているヨーロッパと違い、日本では幼く、若いイメージのかわいさが好まれるために、いつまでも、かわいさ一辺倒の装いから抜け出せない女性も少なからずいます。

日本女性は外見が若く見えるために、40歳前後のアラフォーまではなんとか、引き続きかわいいファッションを追求してやってこられたとしても、内心では行き詰っている方が多いのではないでしょうか。年齢を重ねれば、容姿も、周囲から期待されるあり方も、若者とは変わってきます。年齢相応とは思えないかわいい装いが、端から見て痛々しく映るのは、実際に若い人と並んだときに、若さの輝きに負けてしまうということもありますが、本人が自分の変化を認めず、いつまでもかわいく見てほしいと思っている気持ちが、執着に見えて、痛々しく映るのです。

大人らしさのなかに潜むかわいらしさはとても魅力的です。しかし、それは若いときのままの意識や装いというのとは違います。シニアに近づくと、再びかわいい要素が似合うようになる人もいらっしゃいますが、年齢を重ねる途中では、誰もがいったん、大人の女性にふさわしいおしゃれにシフトするほうがよいと私は考えています。

とは言っても、若い頃からシックな趣味で、それが似合ってきた人なら大人の女性への移行はスムーズですが、それまでずっと、かわいい路線で来た人は、急に変化させるのは、気持ちに抵抗もあるでしょう。

大人の女性らしい装いへのシフトには、たとえばガーリーなカットソースタイルを、きりっとしたシャツスタイルにしてみるなど、辛口やシック、シャープな要素を取り入れますが、その場合、白のシャツでシャープさを100%にするのではなく、やわらかい色のシャツにしたり、本物の真珠のネックレスを合わせるなど、女性らしい甘さの要素も取り入れると、大人の女性に似合うかわいらしさも表現でき、本人にも周囲にも、心地よい装いになります。

40歳を過ぎたら、10年先を見る

ここまで40歳前後になったら「若さ」や「かわいい」を中心としたファッションから卒業しましょう、と申し上げてきました。とはいえ、「若さ」に執着しないこととは、「何も手をかけない」という意味ではありません。

「もう○歳なんだから、どうでもいいでしょ」とおっしゃる方がいますが、50歳であっても、日本人女性の平均寿命の86歳まであと30年以上もあります。日々メンテナンスして、できる限り美しさを保ったほうがよいと思います。

今の多くの日本人女性のターニングポイントは、衰えが目立ち始める40歳でしょう。40代に入ったら、若かった過去を振り返るばかりではなく、よい意味で先を見ましょう。どんな80代になりたいか、は遠すぎますが、10年後、格好よい50代になるには、今どうするかを考えるべきです。

よいエイジングというのは、ゆるやかな曲線で歳を重ねること。たとえば目立つシワが10だった人が、急に50に増えてしまったら、周囲の人に「老けたな」という印象を与えますが、20、30……といったゆるやかな変化だったら、人のイメージはあまり変わらないので、「いつまでも若々しい人」の印象になります。

年齢が出やすい部分は、肌、髪、あご、二の腕、そして姿勢。小手先で衰えを「隠す」「覆う」「ごまかす」以外に、どのように素のいい状態を保っていくかが鍵になります。健康に気を遣う、肌のお手入れに少し時間をかける、髪をいたわるシャンプーやブラッシングを心がける、猫背にならないように気を抜いた姿勢をとらないなど、今の状態を「美しく、長持ちさせる」メンテナンスで、自分にできることをすればよいのです。

見えないところでは体力など、その人なりに積み上げてきて、大抵の若い人には負けない、という要素があれば、それも素敵に見える要因のひとつになります。

精神の若さも重要です。老け込みがちな人は若い人との接点が少なめで、行く場所も固定されている例が多いのです。好奇心旺盛な人は若い雰囲気を保ちます。街に出て、時代を肌で体感しましょう。そうした要素を少しずつ積み上げることが、「10年後の自分に向けて貯金を始める」ということです。年齢を受け入れながら、自分らしく輝いていくことが大事です。

「今しか着られない」服も悪くない

洋服は、少しよいものを買って長く着る。これがおしゃれの正道で、よい心がけです。しかし年代によっては、あえて割り切り、今だからこそ楽しめるファッションに思い切ってトライしてみるのも一考です。

パーソナルスタイリスト養成研修での出来事です。40代のモニターの方に、顧客の年齢層が高めのブランドの商品ばかりをおすすめした学生がいました。

10年先も着られる服を揃えるという提案でしたが、逆に言えば、50代で着られる服を、40代で着ることもないわけです。試着していただいたところ、服のせいで少し老けて見え、今を楽しめている感じを失ってしまいました。経済的ではありますが、これはパーソナルスタイリングとしてはNGです。

未来と比較すれば、今が一番若いのですから、今できることをやっておかなければ後悔が残ります。10年先の自分はきっと着られないけれど、今の自分ならまだ違和感なく着られそうな挑戦アイテムや着こなしを、スッパリと手放す必要はありません。やりすぎれば若作りになりますが、やりすぎないギリギリ程度なら、若々しく見えます。悪目立ちしない着こなしを心がければ、「今しか着られないもの」はコーディネートに旬の風をもたらします。

自分の年代より若めのファッションを楽しみたいときは、若い人と同じアイテムや着こなしにするのではなく、たとえばさりげなく体型をカバーできる張りのある生地を選んだり、タイツやブーツで肌の露出を控えめにするなど、少し大人の落ち着きを表現できれば、おかしな若作りにはなりません。

服装以外には、プチプライスで、遊び心があるバッグや、小物を取り入れると、無難を脱した、こなれた雰囲気になると思います。特に、夏シーズンはこのようなアイテムが取り入れやすいはず。

お買い物の際は、年齢に合わせたブランド、フロアだけではなく、若い年代に向けたフロアもチェックして、いつものコーディネートに冒険アイテムをさりげなくひとつ加えると、周囲の人たちから「こんな服も着るのね！」と意外に思われて、若々しい印象にもなります。

大人の靴選びのポイント

ヒールがある靴は、大人の女性を優雅に見せ、視覚的重心を上げるスタイルアップの効果もあるので、ぜひ履きこなしていただきたいアイテムです。

若い頃からヒールの靴を履く習慣の少ない方は、年齢が高くなるとますます足に負担が少なそうだからと、ヒールがないフラットな靴を選ぶことが多くなりますが、実は美的な面だけではなく、足の健康のためにも2〜3センチのヒールはあったほうがよいと言われています。

一方で、おしゃれにこだわって、あまりに高く細いヒールの靴を、40代以上の女性が日常に履いていると、不安定感が出て、見ているほうが心配になります。

若い女性の場合は、「おしゃれを楽しんでいるんだな、きれいだな」と思われますが、年齢が上がり、動きや体の線も変わってきた女性の場合、「転ばないかな」「若作り」「不自然」という目で見られがちなのです。

大人の女性の場合、仕事場ではヒールの高さは高くても7～8センチくらいまで、そしてヒールの太さはやや太めで安定感がある靴を選ぶことが、きれいに見せるコツであり、周囲の人への配慮です。

5センチくらいまでで低めなら、ピンヒールなど少し細めのデザインでもいいでしょう。これはサンダルも同様です。サンダルを履くときは、かかとやつま先の角質ケアといった足元のお手入れを忘れずに、ぜひペディキュアにもトライしてみてください。指先のネイルは料理やお仕事の邪魔になる場合がありますが、足元なら自由に流行のファッションを楽しめます。

おしゃれはまず足元から、とはよく言われることです。足元が決まれば、コーディネート全体が締まって見えるので、手を抜かないでくださいね。

高級ブランドの靴は値段も張りますが、その分巧みに計算されており、繊細なデザインでも足を締めつけず、パーティーなどで長時間立っていても疲れない工夫が凝らされたものもあります。日本で発売される靴用の木型はアジア仕様にしていることもありますから、1足持っていてもその価値があると思います。

大人の女性の自覚ができたら、おしゃれで歩きやすく、美しい姿勢を保てる、あなただけの1足をじっくり探しましょう。

肌見せについて

雑誌などで海外セレブのファッションをチェックすると、大人の女性たちが大胆にノースリーブのドレスやブラウスを着こなしているのを目にします。それをご覧になると、自分でもここぞというチャンスには、ノースリーブのおしゃれを取り入れたいと思う女性が多いのではないでしょうか。

しかし、このようなおしゃれにはちょっとしたコツが必要です。少々二の腕が太くても、出してしまったほうがすっきりする……と、ファッション指南本で言われることはありますが、それは実際には若々しく引き締まった、緊張感がある二の腕の話。

ノースリーブを着たときに目立つ、二の腕、首、肘といったパーツには、正直に年齢が現れます。日々お手入れに励んでいたとしても、気が緩んだとき、ふとしたときに、小さなパーツが雄弁に語ってしまうのです。

たとえば、パーティーの主役のような立場になったとき。少し前からしっかりスペシャルなケアをして、さらに当日も入念にボディクリームを塗り込んで、という場面なら、大人の女性らしくシックかつ華やかなノースリーブのドレスに、トライしてもよいと思います。普段のあなたとはまた違う魅力が、きっと賞賛されることでしょう。

でもそのパーティーの後、二次会のリラックスした場になったら、ノースリーブのドレスの上に、ショールを羽織ったり、ボレロを重ねたほうがいいでしょう。腕の細い、太いに関係なく、少々くたびれてテンションが落ちるなら、それに合わせて装いも考えないと、せっかくのおしゃれも、急に見苦しいものに変わってしまいます。

また、ノースリーブのドレスを着た場合は、全体のバランスとして肌の見せ方が下品にならないように丈は長めに、短くても膝はすべて隠しましょう。無理をしてノースリーブを着なくても、レースやオーガンジーで透け感を使ったり、一部に切れ込みがあるデザインのドレスなら、上品に大人の肌見せを表現できますし、少しだけ袖があるフレンチスリーブなら、安心感があり、二の腕が細く見えます。

最近のファッションはほどよく「ハズした」ものが主流ですから、しっかりお手入れして自慢できるパーツを「チラ見せ」するおしゃれを楽しんではいかがでしょう。適度な肌見せは、軽さとリラックス感を表現するための大事なテクニック。年齢が出やすいパーツに気を遣いながら、取り入れましょう。

大人におすすめのお祝い服

30代も半ばを過ぎた方からよく聞くのが、結婚式に招かれたとき、どんな服を選んだらよいかわからないという悩みです。

大人の女性なのだから派手すぎてもと、無難な黒のワンピースを選んでみたところ、会場の大半が黒々とした服装の出席者だった。あるいは、平服ということでフォーマルすぎず、きちんとして見えるようにとスーツを選んだ結果、お祝いというより、まるで選挙候補者のようなイメージになってしまったりしたことはありませんか。

結婚式などのパーティーは、フォーマルなおしゃれをするチャンスですから、お祝いの気持ちを表しながら、会場の雰囲気を明るくする装いをしたいものです。

こういった場合の服装選びは、まず招かれる立場や、スピーチの有るなし、着席なら同じテーブルに座る他の招待客とのバランスを必ず考えましょう。やはり着物が一番格式が高く、日本の大人の女性を最も美しく見せる装いと言えます。

洋服の場合、基本はベーシックでシンプルをベースに、ドレープ使いなどで華やかさを添えたドレスなどがおすすめです。無地で広がりすぎないシルエットが、エレガントな印象を作ります。小物で華やかさをプラスして明るい雰囲気に仕上げます。

色は花嫁とかぶらないように白を着ないことは当然ですが、似合うテイストによって白っぽい色を選びたいのなら、パールベージュや薄いピンク、グレイッシュなカラーを選びましょう。この場合、全身が白っぽい色というのはＮＧです。ボレロやウエストのリボン、靴、バッグなどを黒にし、花嫁とはっきり違いをつけます。

挙式と披露宴へ続けて出席する場合、挙式の場ではボレロなどを羽織り、シックな表情に、披露宴では上着を脱いでドレスの華やかさを生かすと、それぞれの場面にしっくり対応できて、大人の女性の品格を感じさせます。ジャケットならラメ入りやレース使いなどで、華やかな表情のあるものを選びましょう。

また、正装ではないとしても、あくまでもセミ・フォーマルな場ですから、足元にフラットシューズやミュール、サンダルはＮＧです。苦手でも、基本的には3センチ以上のヒールのある靴を履きましょう。もちろん必ずストッキングを着用してくださ い。いくらおしゃれなデザインでも、厚地のストッキングはタイツのように見え、カジュアル感が増しますから、避けたほうが賢明です。

ドレスを購入する場合、日本ではフォーマルやセミフォーマルで装う機会が少ないのが現状ですから、羽織るものを変えれば、結婚式ばかりではなく、会食などにも使えるものがよいでしょう。ただし、お祝いの服には特別感が必要ですから、着回しはあくまでハレの場のみ、不祝儀にも兼用させようと、欲張ってはいけません。

大人向けのドレスは、30代までであれば、セレクトショップのフォーマルラインで見つかりやすいでしょう。こうした店の場合、置いてある商品数は少ないので、何軒かで探してください。質が気になる方は、デパートのデザイナーズブランドのセカンドラインが狙い目。価格はアップしますが、上質なものが手に入ります。

40代以上の方で、落ち着いた品のよいものを探す場合は、カラーフォーマル売り場のなかでも、大手フォーマルウェアブランドが生産する、海外のデザイナーズブランドのライセンス品や、一流デザイナーと提携した商品に、価格と品質の釣り合いがとれた、シンプルで美しいものがあります。なおご存じとは思いますが、日本では殺生を連想させるとされる、ファーや爬虫類革を使った服や小物は避けましょう。

そして、私はご祝儀袋をむき出しで持ち込んでしまう人たちが非常に気になります。ご祝儀袋は袱紗《ふくさ》に包み、丁寧に扱いましょう。ひとつだけ持つなら、袱紗の色は慶弔兼用で使用できる紫が重宝します。

慌てない不祝儀の装い

大人であれば、1着は喪服を持っていると思います。喪服用として売られているフォーマルな黒いワンピースやスーツは、特殊な染め方をした漆黒で、カジュアルな黒とは異なります。冠婚葬祭、どちらにも使えるフォーマルな黒い服として売られているものもあります。これは、戦後の日本が貧しかった時代に、日本のアパレル企業が発案した独自の文化で、本来の洋服の文化では、慶びの日に着る服と、悲しみの日に着る服が同じ、ということはありません。

喪服は着る機会が多くはありませんから、体型が変わらなければ、若いときに買ったものをそのままお使いの方もいらっしゃるかもしれません。でも、一般に売られている喪服は、やはりその時代のシルエットの影響を受けています。男性のスーツは特に典型的で、若いときに買った喪服を着ていると、シルエットやサイズ感が極端に大きめだったりして、ずいぶん妙な感じに見えてしまいます。これほどではないにしても、もしあなたの喪服がずいぶん昔に買ったものなら、素材の質チェックも含めて、今の自分にふさわしいか、点検しておきましょう。

一般的には、体型が落ち着いてくる30代半ばくらいを目安に、オーソドックスなデザインで、高品質の素材に買い替えて持っておくと、その後長く使えますし、いざというとき慌てなくてすみます。最近の夏は暑いですから、オールシーズン用だけではなく、できれば夏用の喪服があれば安心です。

喪服のルールは多いので、ここでは喪服売り場で購入する前提で、選ぶコツをお伝えしましょう。

まず大切なのは、体にぴったりしすぎないサイズを選ぶこと。着た感じはゆとりがあるのに、見た目は大きすぎも小さすぎもせず、身頃に自然にフィットして見えるデザインがあるはずです。あまりシャープなデザインではなく、スカートならタイトスカート気味よりは少しフレアが入ったタイプなど、少しゆるやかな曲線を描く服を選ぶと、自然にサイズ感もゆったりします。

喪服は何年も着用する服ですから、体型が変化して、いざというとき入らなくて困ったということを避けなければなりません。

また、悲しみの席といっても、親族であれば、実際にはかなり忙しく立ち働くことも多いですから、動きやすさも必要です。このゆとりというのは、単にサイズが大きいということではなく、アームホールが細すぎない、ウエスト回り、ヒップ回りに多少のゆるやかさがあるということです。

最近は体にフィットしたデザインで、丈が短めのスカートやワンピースの喪服も登場していますが、これでは立ったり座ったりする際、見苦しくていけません。

決して自分の美しさをひけらかす場ではありませんが、大人の品格は必要です。着たときのスタイリッシュ感を優先するのではなく、何より「安心感」「信頼感」を重視して選んでください。スカートのほうが格式が高く、親族となった場合にも適しているのでおすすめですが、パンツスタイルを選ぶ場合は、ワイドストレートのような、太めで体のシルエットを見せないものを選びましょう。パンツスタイルは悲しみの場とはいえ、忙しく働かなくてはならない立場である場合には有効です。

また、最近は「お別れ会」という名前で、いわゆる厳粛なお葬式とは違う、カジュアルに故人を偲ぶ会も増えています。そうした場に重い雰囲気の喪服は、ぴったり合うとも言えません。喪服とは別に、普通の黒い服のなかから、お通夜やお別れ会に対応できる、控えめなデザインの服も見繕っておくとよいと思います。不祝儀の装いにも「時代」は反映するものなのです。

スタイルは持つ、でも凝り固まらない

「脱・無難」で素敵への道を歩き出したら、「自分にはこれが似合う」というマイスタイルが見つかると思います。自分らしく、一本筋の通ったスタイルを持つことは、とても素晴らしいことです。けれども、マイスタイルが見つかったからといって、そこから動かなくなるのは禁物です。自分にはこれが似合うとひとつのスタイルに固執すると、進化がなくなり、「古い人＝老けた人」になってしまうこともあります。

一般に、ファッションや音楽の流行は20年ごとに繰り返されていると言われます。しかし、最近ではこの周期が早まって、10年、あるいは6〜7年単位になっているという説もあります。近頃よく見かけるファッションアイテムを見ると、たとえばドルマンスリーブは、１９６０〜70年代に流行していたデザインでしたし、少し前に流行ったレギンスは、スパッツという名前で90年代に大流行していました。バブル時代に誰もが穿いていたタイトスカートが、しばらくぶりに大流行しています。あなたも

買い物に出かけて、友人と「こういう服が昔も流行っていたよね」という会話をしているでしょう。

しかし、もしあなたが若い頃に着ていた服のデザインがまた流行しているからといって、クローゼットの奥から取り出してきたとしても、当時のままにそれを着ることはできません。昔の服と、今のアイテムとではデザインや素材感も違っていますし、何よりもあなた自身がその服を着ていた頃とは大きく変わっているのです。

時代が変化するのにともない、あなたも変わっていきます。今のあなたにピッタリなアイテム、着こなしがあったとしても、それに固執するのではなく常に「今の自分には何が似合うのか」を見つめ続けることが大切です。

少しずつ歳を重ね、だんだんとおしゃれ感覚がこなれていった未来のあなたは、今よりもずっと洗練されて、今のあなたには「冒険」となる、着こなしが難しいおしゃれなアイテムを、難なく着こなせるようになっているかもしれません。

いえ、難なく着こなせるようになっていていただきたいのです。そんな未来のあなたのマイスタイルは、軸は変わらなくても、今とは少し異なった「素敵」になっているはずです。ですから、これからも好奇心を持って、時代の肌感覚から離れすぎないように、マイスタイルもアップデートしていってくださいね。

Column

服だけでは完成しない

20代半ばでイタリアに渡った私は、何より現地のマダムたちの迫力ある存在感に圧倒されました。彼女たちのおしゃれは、年齢を重ねたからこその経験値、センスがにじみ出ていて、早く自分もそうなりたいと思わされるほどでした。

また彼女たちをエスコートする同世代の男性たちにも、同様に、若者ではこうはいかないだろうという、大人ならではの渋い色気を感じました。

彼らが素敵なのは、幼い頃から自分なりの基準をしっかり持ち、いかに魅力を発揮するかが勝負という意識が徹底していることに加えて、ファッションだけでなく衣食住すべてのバランスがとれていることが、文化であり、おしゃれである、という意識が土台にあるからだと思います。

ファッションの流行には詳しいけれど、インテリアには関心がなく、美しさのない部屋に住んでいる。服にお金をかけるために、食生活がおろそかになる。着飾ることには熱心だけれど、文化や社会に関心がない……。

日本ではこんな人もよく見られます。しかしそれでは本当の意味で、大人のおしゃれは成立しないと思います。やはり年齢を重ねるほど、若さや生まれ持った外見の魅力だけで勝負するというわけにはいかなくなるため、にじみ出る内面の豊かさこそが魅力の元となるからです。

目指すべき大人のおしゃれは、どんな服を選ぶかだけに留まらず、衣食住、生活全体のバランスがどうとれているかまでに及ぶものだと思います。

自分を取り巻く環境であるインテリアには妥協せず、本当に自分が気に入った、思い入れを語れるものに囲まれて暮らす。季節の食材で料理し、ゆっくり食を楽しむ。展覧会や音楽会にしばしば出かけ、本物のアートに触れる。パートナーとおしゃれして出かける機会を増やす。五感を磨く文化的なゆとりを持つことが、素敵なものがわかる感性を育みます。

日本社会が成熟に向かっていく今、一般的な日本の大人のおしゃれも、これからもっと進化し、変わっていくことでしょう。

私自身も、これから50代、60代を迎えるにあたって、いつか憧れた素敵なマダムになれるように、日々を大切に過ごしていきたいと思っています。

おわりに

近頃、「おしゃれの勉強をしたい」という高い意識をお持ちの方がますます増えているようです。

こうした勉強熱心な方々の多くが、パーソナルカラー診断や、骨格診断といった、素敵になるためのサービスを利用しています。

けれども、そうしたサービスを受けても、結局それだけでは素敵にはなれず、悩んだ結果、私のサロンにいらっしゃるお客様が少なくありません。

なぜ、さまざまなアドバイスを受けても思うような効果が出ないのでしょうか。

それは「素敵」とはファッション全体のバランスがとれてはじめて表現できるものであり、肌や目の色に調和するカラーや、骨格に合った素材やデザインといった部分だけで作り上げられるものではないからです。

また、こうしたサービスの多くは理論でタイプにあてはめるだけで、それぞれの特徴や個性は深く考慮されていません。理論にぴったりあてはまる幸運なタイプの人は実は少なく、微妙な人――つまりほとんどの人は、理論だけでは限界があるのです。

モデルやタレントのように完璧なスタイルやルックスでなくても、素敵な女性はたくさんいます。その人ならではの個性を生かし、魅力を最大限に引き出す着こなし方を身に付けているから、素敵なのですね。

誰もがご自身の体や顔の特徴、個性、好みを分析し、ファッションの軸になるものを見つけられたらいいのに……このような思いから、今回ご紹介した「ファッションテイスト診断」を新たに作成しました。診断から導き出される8つのテイストは、私がスタイリストとしてこれまで出会ってきた数多くの人々の似合うファッションの傾向をカテゴライズしたものです。

強調しておきたいのは、私はこの診断で「あなたに似合うものはこれしかない」と伝えているつもりはない、ということ。これらのテイストは、「自分には自分のよさがある」と気づいていただき、もっと素敵になる可能性を探るためのヒントにすぎません。

診断の結果、「自分は似合うテイストを極めよう」と考えていただいてもよいですし、「全部のテイストを取り入れて、いろいろ着てみよう」と挑戦していただいても結構です。いずれにしても、ご自身に似合うテイストはこれ、とあてはめて終わりにするのではなく、おしゃれの幅を広げるために使っていただきたいと思います。

誰しも年齢とともに、肉体は変化していきますし、きれいに着られる服の範囲は若い頃よりも狭まります。しかし、ファッションテイストをミックスする方法をマスターすれば、その幅は拡げられます。年齢を重ねれば、その分、人間の中身が充実していくのですから、そうした深みを増した自分を表現するために、何を取り入れたら素敵になれるかを考えて取り入れることが、おしゃれ、というものだと思います。

いろいろとチャレンジして、もしもまた迷ったら、原点となる自分のテイストに戻ってみてもよいでしょう。肉体も中身も変化するのですから、テイストも一生同じとは限りません。ご自分で変化を感じたら、診断をまた試してみてくださいね。

人生にはさまざまなシーンがあります。その時々で立場も異なります。そうした各シーンにふさわしい装いも、テイストを理解していれば、自信を持って臨めますし、ご自分も周囲の人もハッピーになれます。

そして、装いであなたのいろいろな面を表現できたら、周囲の人は意外に感じて、声をかけてくれるでしょう。ファッションは、コミュニケーションツールにもなるのです。たかが服、されど服。ファッションはパワーです。毎日、服を着て、わくわくしてください。

特に30～40代は社会の中核の年代ですから、社会的ルールにしばられる機会も多いでしょう。しかし、おしゃれは自分でコントロールできる嗜《たしな》みであり、表現方法です。ある程度、ＴＰＯをわきまえていれば、もっと装うということを楽しんでよいと思います。

おしゃれは実践を積み重ねて磨いていくもの、ぜひ、勇気を出して挑戦して多くの経験を積んでください。挑戦と経験は、必ず、あなたをもっと素敵にしてくれます。その手引きのひとつとして、本書が「あなたのパーソナルスタイリスト」となって、長くお役に立てることを心から願っています。

最後に、『「似合う」の法則』に引き続き、一切の妥協なしで取り組んでくださったホーム社の本多亜紀さん、ライターの中沢明子さん、さまざまなリクエストに応えて、ぴったりのイラストを描いてくださったイラストレーターの金子ともこさん、そしてファッションテイスト診断の検証に惜しまぬ協力をしてくれた教え子たち（パーソナルスタイリストジャパン卒業生有志）、顧客様方、多忙な日々を支えてくれた私の家族、関わってくださったすべての方に、心より感謝を捧げます。

政近準子

政近準子

Masachika Junko

パーソナルスタイリスト。有限会社ファッションレスキュー代表取締役。パーソナルスタイリストジャパン学院長。1965年広島県生まれ。アパレル企業にデザイナーとして勤務後、渡伊。帰国後2001年、日本初の個人向けスタイリングサービス事業を始める。タレント、ビジネスパーソン、主婦など幅広い層のスタイリングを手がけ、顧客は1万人を超す。テレビほか、各種メディアでも活躍中。著書に『働く女性のスタイルアップ・レッスン』『「似合う」の法則』『一流の男の勝てる服 二流の男の負ける服』がある。

ファッションレスキュー公式サイト
http://fashion-rescue.com

政近準子公式ブログ
http://ameblo.jp/jmasachika/

「素敵《すてき》」の法則《ほうそく》

2013年11月30日　第1刷発行
2015年10月27日　第2刷発行

著者　政近準子《まさちかじゅんこ》

発行人　服部秀

発行所　株式会社 ホーム社
〒101-0051 東京都千代田区神田神保町3-29 共同ビル
電話［編集］03-5211-2966

発売元　株式会社 集英社
〒101-8050 東京都千代田区一ツ橋2-5-10
電話［販売］03-3230-6393（書店専用）
［読者係］03-3230-6080

印刷所　凸版印刷株式会社

製本所　ナショナル製本協同組合

ブックデザイン　アルビレオ

イラスト　金子ともこ

構成　中沢明子

編集協力　本多亜紀

定価はカバーに表示してあります。
  ISBN 978-4-8342-5195-1 C2076